Y

Yf 8945

DE L'OPÉRA EN 1847,

A PROPOS

DE ROBERT BRUCE;

DE LA CRISE OU S'EST TROUVÉ CE THÉATRE,

ET

DES CAUSES QUI L'ONT PRODUITE.

DE L'OPÉRA EN 1847,

A PROPOS

DE ROBERT BRUCE;

DES DIRECTIONS PASSÉES, DE LA DIRECTION PRÉSENTE

ET

De quelques-unes des cinq cents Directions futures;

PAR

M. Louis DESNOYERS;

Dissertation accompagnée des **PROCLAMATIONS** de M. DUPONCHEL
A SES CONCITOYENS sur cette même question, et des
répliques de M. LÉON PILLET à icelles.

NOTA. Cette brochure est la reproduction des articles écrits sur ce sujet par M. Louis DESNOYERS, dans sa *Revue musicale du Siècle*. Elle renferme également les lettres qu'à cette occasion M. DUPONCHEL, un des prétendants à la direction de l'Opéra, et M. LÉON PILLET, titulaire actuel, ont publiées dans ce journal. — (*Voir à la fin la Table des matières.*)

PARIS.

IMPRIMERIE DE F.-B. DELANCHY.

RUE DU FAUBOURG-MONTMARTRE, 11.

1847.

L'Auteur à M. Léon Pillet.

Paris, 31 mars 1847.

Monsieur,

Vous me demandez l'autorisation de réunir en brochure les divers feuilletons que j'ai publiés dans *le Siècle*, à propos de *Robert Bruce*, sur l'administration actuelle de l'Opéra et sur ses devancières. C'est beaucoup trop d'honneur que vous voulez faire à de simples articles inspirés par la circonstance, et qui ne sauraient lui survivre; mais enfin je consens de grand cœur à cette reproduction, puisqu'elle vous est agréable, et je souhaite qu'elle puisse être de quelque utilité à une cause qui m'avait semblé juste dès le principe, et que, plus que jamais, je regarde comme telle, après les explications qui ont eu lieu. Seulement, j'ai une prière à vous adresser, si vous persistez dans votre projet : c'est de reproduire ces articles dans leur étendue primitive. La nécessité de faire entrer chacun d'eux dans la limite infranchissable des neuf colonnes d'un feuilleton, m'a forcé plus d'une fois de retrancher, sur l'épreuve, différents passages dont logiquement je regrettais la suppression. Cette nécessité typographique n'existe pas pour une brochure. Permettez donc qu'en revoyant mon travail, je rétablisse çà et là des développements qui m'avaient paru convenables, et qui, dans certains cas peut-être, rendront ma pensée un peu moins incomplète.

Agréez, Monsieur, l'expression de ma considération la plus distinguée.

Louis DESNOYERS.

— FEUILLETON DU SIÈCLE, DU 11 JANVIER 1847. —

REVUE MUSICALE.

I.

Première représentation de ROBERT BRUCE.

Où il est parlé, entre autres choses merveilleuses, des défauts, des ennemis, des pastiches et des vices de Rossini.

Si la postérité était assez idiote pour en croire sur parole certains critiques de ce temps-ci, nos descendants seraient exposés à se faire une étrange idée de quelques hommes, et notamment de Rossini, d'après tout ce qu'on a dit de sa personne et de ses ouvrages depuis une trentaine d'années. Et d'abord, son arrivée en France fut saluée par un vaudeville fort amusant, comme tout ce qui est paradoxal. Il y était affublé du nom d'il signor Trombonini, ou Vacarmini, ou je ne sais plus quoi en ni, et tous les marmitons d'une auberge l'attendaient au passage pour lui donner une sérénade avec les casseroles et les chaudrons de l'établissement. De là l'opinion qui se répandit dans la bourgeoisie que Rossini avait inventé, non pas ces estimables ustensiles, mais leur mission musicale, et qu'ils lui devaient l'honneur d'avoir pris place au nombre des instruments.

L'opinion générale, il faut le reconnaître, s'est un peu modifiée depuis cette époque : les esprits avancés sont à peu près convaincus maintenant qu'il n'y a aucune partie de lèchefrite dans les orchestres du maëstro ; et quant aux gens modérés, maintenant qu'ils ont entendu nos compositeurs fantastiques, ils pensent que si Rossini a inventé le vacarme, ses successeurs l'ont du moins singulièrement perfectionné. Mais, pour beaucoup de traînards, l'auteur d'*Il Barbiere*, de *Cenerentola*, de *l'Italiana*, du *Comte Ory* et de tant d'autres compositions si pleines de délicatesse et de grâce, est toujours l'il signor Vacarmini du vaudeville. Il est vrai que, par compensation, les ultra-novateurs reprochent à ses orchestres d'être vides, insignifiants, murmurants, susurrants, presque insaisissables.

Jamais artiste, en effet, n'eut à se défendre d'accusations plus contradictoires. On lui a tout reproché simultanément ou successivement. On a reproché à l'auteur de *Tancrède*, ceux-ci de n'avoir pas de mélodie, ceux-là d'en avoir trop; — à l'auteur de *Sémiramide*, les uns d'être trop savant en harmonie, les autres de ne pas l'être assez; — à l'auteur d'*Il Barbiere*, de n'être pas scénique; — à l'auteur de *Moïse*, de manquer de gravité; — à l'auteur du *Siége de Corinthe*, de n'avoir pas d'ampleur; — à l'auteur des *Soirées*, de n'être que théâtral; — à l'auteur du *Stabat*, de n'être pas religieux; — à l'auteur du *Comte Ory*, de n'avoir pas de couleur; — à l'auteur de *Guillaume Tell*, de n'être pas dramatique; — à l'auteur de vingt chefs-d'œuvre aussi admirables par la variété du style que par l'invention mélodique, aussi admirables par la richesse instrumentale que par la force et la vérité d'expression, d'être monotone, de se rabâcher, de n'avoir jamais fait qu'un seul opéra, d'être pauvre d'idées, de n'écrire que des rigodons et d'envoyer ses héroïnes à la mort sur des mouvements de valse.

Et qu'on ne dise pas que ce sont là d'obscures et rares accusations. Nous avons tout cela sous les yeux, imprimé dans les meilleurs *papiers publics* du temps, et signé par des gens fort recommandables, dont quelques-uns sont encore vivants et très-vivants. Grâce au progrès du goût, la plupart d'entre eux ont professé tout le contraire depuis, mais cela ne prouve rien, si ce n'est qu'en matière d'arts on peut dire le pour et le contre, sans en éprouver la moindre incommodité.

Voilà pour les œuvres. Quant à l'homme, les opinions ont eu naturellement cette presque unanimité qui appartient toujours à l'erreur et à la calomnie.

Ainsi, il est encore généralement admis :

1° Que Rossini est un être insensible, qui a eu des affections très-vives, des amitiés très-sincères, et qui a aimé ses parents jusqu'à l'idolâtrie;

2° Que c'est un égoïste, qui a conseillé, aidé, recommandé, secondé, poussé tous les artistes qui ont eu recours à lui ;

3° Que c'est un envieux qui, directeur du Théâtre-Italien, a fait jouer *Il Crociato* de Meyerbeer sur ce théâtre, et qui monte en ce moment même *Robert-le-Diable* sur celui de Bologne, où il n'a jamais fait représenter un seul de ses propres ouvrages ;

4° Que c'est un Harpagon, — lequel Harpagon a livré gratis à l'éditeur le manuscrit de ses ravissantes *Soirées*, pour l'indemniser du peu de succès qu'avait eu d'abord *le Comte Ory* ; — lequel Harpagon a refusé du *Stabat* un prix supérieur à celui qui avait été stipulé dans l'origine ; — lequel Harpagon a donné à Niedermeyer ses droits d'auteur de *Robert Bruce*, et au même éditeur la partition de cet ouvrage ; — lequel, etc., etc.! Nous pourrions multiplier indéfiniment les preuves de cette avarice sordide, qui lui est reprochée par les gens surtout dont la fortune s'est faite à gâter ses inspirations ;

5° Que c'est un sans-cœur qui fait fi de son art et dédaigne ses œuvres, au point de s'en être retourné à Bologne pour ne pas voir représenter *Moïse*, *le Comte Ory*, *le Siége de Corinthe* et *Guillaume Tell*, sous forme de lambeaux, par d'abominables doublures, en qualité de levers de rideau, destinés à laisser au beau monde le temps de dîner à l'aise avant l'heure du ballet ;

6° Que c'est un paresseux qui a composé une cinquantaine de partitions, dont la moindre équivaut certainement, comme étendue, à une douzaine d'opéras de Grétry.

Ce dernier reproche est un peu imité de ce sublime mot d'Odry s'écriant, dans *le Chevreuil* : « J'ai rencontré le long de la route « un tas de fainéants qui s'amusaient à labourer la terre. » Rossini, lui aussi, est un fainéant dont le génie a labouré le champ musical sur une surface qui eût suffi à la peine de tous les hommes laborieux qui lui reprochent sa fainéantise.

Mais parmi toutes les accusations dont il s'est vu ou se voit encore l'objet, il en est deux surtout qui risquent fort de passer à la postérité la plus reculée ; ce sont les suivantes :

1° Rossini est un gourmand qui ne croit à rien, si ce n'est au macaroni ;

2° C'est une sorte de Béelzébuth ventru qui se moque de tout, et particulièrement de ceux qui se moquent de lui ; — un mauvais plaisant qui rit de la mauvaise musique de ses amis, et même de la mauvaise critique de ses ennemis ; — un farceur, enfin, qui, en composant cinquante opéras, n'a jamais eu d'autre but que de mystifier ses contemporains.

Vous croyez peut-être qu'il écrivait pour obéir à son inspiration, pour vivre, pour s'illustrer, — ces trois grands mobiles du génie? Erreur! c'était pour se moquer de vous, de moi, de tout le monde. *Otello* est une mystification, *Semiramide* une plaisanterie, *la Gazza* une facétie, *Mosé* une bourde, et le *Stabat* une affreuse blague. On l'a vu qui riait comme un forcéné en écrivant le fameux trio de *Guillaume Tell*, et les gens ordinairement bien informés vous diront tous qu'il n'assistait jamais à la première représentation d'un de ses opéras en Italie, sans se tenir tapi dans la coulisse, se pâmant de rire et faisant la nique aux spectateurs. Plus les spectateurs étaient émus, plus le satanique personnage la leur faisait longue et sarcastique. *Robert-Bruce* lui-même est une dernière niche envers les Parisiens (1). Les Parisiens ont eu la faiblesse de lui élever une statue avec des sous-pieds monumentaux, et le monstre répond à cette gracieuseté par une folichonnerie! Vous le voyez, c'est un Méphistophélès à qui M. Berlioz ne ferait point mal d'infliger aussi quelques-unes de ses symphonies, en damnation de son cynique dédain des hommes et des musiciens. Je suis bien sûr qu'en effet une symphonie de M. Berlioz lui serait fort désagréable.

Nous le répétons, ces deux dernières accusations, celles du macaroni et du scepticisme, nous paraissent indélébiles à l'égard de Rossini. On pourra peu à peu lui accorder la mélodie, l'harmonie, la puissance dramatique, et d'autres petites qualités accessoires. L'opinion publique n'est même pas très-éloignée de cette réaction, à en juger par ce que la critique dit déjà de ses ouvrages, — lorsqu'il n'en fait plus, — et aussi par la tolérance avec laquelle on

---

(1) Deux mois après que nous avons écrit ces lignes, M. Duponchel, ex-directeur de l'Opéra, dans sa réponse à notre cinquième *Revue*, appelle *Robert Bruce* un *sarcasme*, une *cruelle raillerie du prince des mystificateurs!* (Voir plus loin ses deux lettres et notre sixième *Revue musicale*.)

a vu l'Opéra lui décerner les honneurs du sous-pied de marbre. Mais voilà tout. La réhabilitation n'ira pas plus loin. On n'en viendra point à croire qu'il aime son art autant que le gratin; qu'il ait jamais composé aussi *sérieusement* que cuisiné; que l'air d'*Asile héréditaire* ne soit pas un ricanement diabolique, et que, malgré la gastrite dont il souffre depuis tantôt vingt ans, le macaroni n'ait pas été sa seule conviction ici-bas.

On objectera sans doute, à propos de ces injustices, de ces dénigrements, de ces persécutions et de ces injures, que c'est là précisément ce qui constitue la gloire dans toutes les carrières, et particulièrement dans celle des arts, dont le propre, au dire des philosophes, est d'adoucir les mœurs et de rendre les hommes plus humains. C'est possible; mais si c'est là ce qui constitue la gloire, je trouve que c'est un bonheur dont on se prive avec raison, quand on a les moyens de le faire. Or, ces moyens, Rossini les doit depuis long-temps, — non pas à ses ouvrages, qui ont enrichi beaucoup d'éditeurs, de directeurs, de chanteurs, d'imitateurs, de traducteurs, d'arrangeurs et de dérangeurs, en ne lui rapportant à lui que de la gloire, c'est-à-dire des injures et des sous-pieds de marbre; — mais au dilettantisme financier de M. Aguado qui l'intéressait, sans l'en prévenir, dans des spéculations peu musicales et très-lucratives. Aussi, pour ne pas assister à l'odieuse mutilation de ses œuvres, et surtout pour vivre loin du glorieux bourdonnement d'injures dont on l'honorait à cette époque, Rossini, devenu indépendant par la fortune, s'est-il empressé de redemander à l'Italie un peu de son doux *far niente*, de son beau soleil, et, dira la postérité éclairée, beaucoup de son incorrigible macaroni.

Rossini a-t-il bien fait de bouder ainsi la gloire? a-t-il bien fait de se taire obstinément pendant ces dernières vingt années? Pour nous, assurément non; pour lui, assurément oui. Nous y avons perdu une douzaine de chefs-d'œuvre, dont *Guillaume Tell*, son dernier ouvrage, peut nous faire présumer le diapason, et c'est un irréparable malheur; mais il y a gagné de ne pas entendre beaucoup d'impertinences, sans parler des sous-pieds de marbre qu'on a bien pu ériger à son silence, et qu'on eût certainement refusés à son travail.

Rossini, quoi qu'on ait dit de lui, est trop foncièrement artiste, sous son faux scepticisme ; trop sensible à la louange et au blâme, sous son feint dédain de l'une et de l'autre ; trop sûr de sa véritable valeur, sous sa fausse dépréciation de lui-même ; trop digne, trop fier, trop homme enfin, sous son apparente diablerie, pour n'avoir pas à perdre cent fois plus qu'à gagner, au milieu du pêle-mêle de nos opinions contradictoires.

La médiocrité intrigante peut seule prétendre ici à des succès soudains, éclatants, unanimes, sans amertume, sans tracas, sans soucis, et dont les inconvénients ne l'emportent pas infiniment sur les avantages. Le talent, au contraire, ne peut attendre les siens que du temps ou du hasard, à moins qu'il ne s'abaisse à les acheter ou à les mendier. Mais l'humeur de Rossini n'est ni sollicitcuse ni brocanteuse. Son ombrageux orgueil fait donc sagement de ne plus se risquer que le moins possible dans ce Paris, où les coupe-gloires ont succédé aux coupe-jarrets.

Ajoutons que son génie a tout à la fois trop de finesse et trop de grandeur, trop de naturel et trop d'originalité, trop de simplicité et trop d'élégance, pour pouvoir être estimé d'emblée par la foule à sa juste valeur. Elle peut comprendre, mais elle n'apprécie pas. Ce n'est pas à ces qualités-là qu'appartient jamais la vogue : le temps seul les révèle peu à peu. L'histoire de toutes les partitions que Rossini a données à l'Opéra prouve la justesse de cette observation. Le public de la rue Lepelletier n'a pas encore la moindre opinion sur *Moïse* ni sur *le Siège de Corinthe* ; il en est encore à croire que *le Comte Ory* est une bluette, et quant à la vogue tardive momentanément obtenue par *Guillaume Tell*, c'était si bien un simple succès d'acteur, qu'on eût dû intituler l'ouvrage : « *Monsieur Duprez, ou l'Ut de poitrine*, opéra en quatre actes, réduit à trois pour la commodité de l'illustre chanteur. »

Ajoutons encore que l'excessive susceptibilité de Rossini est très-voisine du découragement. Ce n'est pas une de ces natures têtues qui s'attèlent résolument à une idée bonne ou mauvaise, et tirent dessus, quelle que soit la difficulté du chemin, jusqu'à ce qu'elle arrive ou s'embourbe. Cette qualité peut être fort utile pour l'avancement de celui qui la possède, mais elle est souvent assez fâcheuse pour le public, car il est rare qu'elle ne soit pas seule. L'artiste est peu opiniâtre en général, et jusqu'à présent le don de la ténacité ne s'est guère manifesté que chez les mulets et les esprits qui n'en avaient pas d'autre.

Enfin, Rossini, en sa triple qualité d'Italien, d'homme de génie et d'orgueilleux renforcé, d'orgueilleux sournois, n'a rien de ce charlatanisme, de ce savoir-faire, de cet art du tambourinage que la vanité possède, et que l'orgueil dédaigne; — dont les Italiens (c'est une justice à leur rendre), un seul excepté, Paganini, ont toujours été presque incapables; — dans lequel les simples, modestes et candides Allemands excellent, et que nous autres Français, étourdis et légers que nous sommes, nous ne cultivons pas trop mal non plus. Sans doute il y a des artistes qui réussissent tout d'abord, sans préparation, sans artifice aucun, dès leur premier ouvrage, de même qu'il y a des gens qui font un magnifique carambolage, dès la première fois qu'ils manient une queue de billard; mais ce sont là de simples raccrocs. Ce qui est certain et général, c'est qu'à Paris, dans cette capitale de la badauderie, dans ce chef-lieu de la réclame, de l'intrigue, de la camaraderie et de l'esprit de secte, le mérite réel des hommes n'entre jamais que pour une partie quelconque dans leur succès. La meilleure part est due au savoir-faire. Les circonstances les plus futiles en apparence sont parfois d'un merveilleux secours. Une vie dissipée, un grand nez, de longs cheveux, une aventure scandaleuse, un costume bizarre, un langage extravagant, de la fortune, des relations, des coteries de salons, de café ou même d'estaminet, des travers, des vices, de la malpropreté même, et surtout le talent de se poser en homme sérieux, en grand homme incompris, en révolutionnaire, en Messie, voilà de puissants auxiliaires pour un artiste. Tout cela fait causer et appelle l'attention; et, l'attention, le bruit, la vogue, sont des mots synonymes. Cela s'appelle le succès, de même que les injures et les sous-pieds de marbre s'appellent la gloire.

Or, Rossini a toujours dédaigné les accessoires de ce genre, sans songer que l'accessoire est le principal en pareil cas. Il a révolutionné son art, mais tout simplement, et sans se poser jamais en révolutionnaire. Le contraire eût mieux valu pour lui.

Et puis, il s'est toujours lavé les mains, et a toujours fait soigneusement sa barbe, ses cheveux et ses ongles.

Et puis, à propos de *Robert Bruce*, il n'est venu se recommander à aucune coterie, il ne s'est fait prôner par aucun cénacle, il n'a réclamé de ses admirateurs aucune espèce de réclame; il a même fait pis : il a proclamé d'avance, à tort selon nous, et par un excès de modestie, qu'il s'agissait d'un simple pastiche, ce qui a fait qu'une foule d'excellents esprits se sont évertués pendant quatre ou cinq mois à prédire que *Robert Bruce* pourrait bien n'être qu'un pastiche; puis un des chanteurs a déserté le rôle que le compositeur avait daigné lui confier dans son *pastiche*; puis des maladies sans nombre ont ajourné dix fois l'exécution du *pastiche*; enfin, des incidents peu ordinaires assurément, ont troublé la première représentation du *pastiche*. Mme Stoltz, qui remplissait le rôle de Marie, était encore un peu souffrante de l'indisposition qui avait retardé si long-temps l'apparition de l'ouvrage. Une faible partie du public, qui eût été charmée d'un insuccès, a protesté au second acte, par des chut obstinés, contre les applaudissements qu'on adressait à l'actrice après son grand air, dans un moment où, si elle ne méritait pas une ovation, elle ne méritait certainement pas non plus une improbation dont l'opiniâtreté est allée jusqu'à l'hostilité personnelle. On prétend même que des apostrophes d'une impudente et lâche grossièreté ont été adressées à l'actrice, par quelque manant, dès l'origine de l'incident, et que c'était à cette ignoble injure, et non pas aux chut, qu'elle faisait allusion en s'écriant : « On a l'indignité d'in-
« sulter une femme ! » Si le fait est vrai, et tout nous porte à le croire, Mme Stoltz n'aurait plus besoin d'excuse, et son indignation serait fort légitime. Les droits de la femme sont supérieurs aux devoirs de l'actrice : si l'une doit déférence au public, le public de son côté doit respect à l'autre.

Quoi qu'il en soit, dans un mouvement d'irrésistible contrariété, elle a déchiré le mouchoir qu'elle tenait à la main; et on rapporte qu'elle aurait dit : « C'est insupportable !.... Je suis malade, bri-
« sée !... je ne puis continuer ainsi !... » On ajoute qu'elle voulait se retirer de la scène, lorsque Mlle Nau lui aurait dit : « Qu'allez-
« vous faire? Vous allez déserter comme un mauvais soldat, au mo-
« ment du danger ! » Rappelée au sentiment de son devoir par ces paroles, Mme Stoltz est restée et a continué son rôle avec un calme et une énergie qui lui ont valu, à diverses reprises, des applau-

dissements légitimes, qu'aucune autre opposition n'est venue comprimer.

Mais on comprend que l'exécution générale de l'ouvrage ait dû souffrir de toutes ces émotions, dont les autres chanteurs n'ont pu se défendre eux-mêmes, et qui ont naturellement placé le public dans des dispositions assez peu musicales. Aussi, dès le lendemain, les ennemis de l'administration, de Rossini et du bon sens, se sont mis à crier à l'abomination, à la désolation et au pastiche, car les Leveyrier du lieu avaient découvert plus que jamais ce qu'on n'avait cessé de leur dire, à savoir, que *Robert Bruce* était un *pastiche*.

Que si vous me demandez mon avis sur cette dernière question, je vous répondrai négativement. Tant de gens, y compris l'auteur, ont reconnu un *pastiche* là-dedans, qu'il ne m'en faudrait pas davantage pour être convaincu du contraire. Voici, selon moi, la vérité la plus vraie sur ce point. Au lieu d'appeler *Robert Bruce* un *pastiche*, comme la critique, ou un *opéra nouveau*, comme le théâtre, deux qualifications opposées, qui ne rendent pas mieux l'une que l'autre l'idée précise de l'œuvre, on eût mieux fait d'indiquer par le titre que c'était la *Donna del Lago*, arrangée, refondue et complétée. En effet, le sujet de *Robert Bruce* côtoie habilement celui de la *Donna del Lago*. La similitude est constante; c'est la même Écosse, et à peu près le même ensemble de personnages, de sentiments et de situations. Tous les morceaux caractéristiques de la partition primitive ont ainsi trouvé place dans la nouvelle, et Rossini lui-même a parfait ce travail, en y ajoutant des morceaux empruntés à quelques-unes de ses autres partitions peu connues en France, ou même tout-à-fait inconnues, telles qu'*Armida*, *Bianca e Falieri*, et *Zelmira*. Ce choix et cette appropriation ont été faits avec un soin extrême, en consultant, non pas seulement les rapports de caractères, de passions et d'évènements, mais aussi les analogies de couleur générale. On peut se fier sur ce point au goût de Rossini; celui de tous les compositeurs passés et présents qui, avec Meyerbeer et Weber, a su donner à ses œuvres d'élite le plus d'homogénéité, ainsi que le prouvent *Guillaume Tell*, le *Comte Ory*, *Moïse*, le *Barbier*, *Cenerentola*, et tant d'autres merveilles.

Rossini a poussé même ce genre de scrupule si loin en cette circonstance, que plus d'une fois il a changé entièrement le travail arrêté d'abord, et substitué à tel morceau choisi la veille, tel autre morceau qui, tout bien examiné, lui semblait exprimer la situation, non pas plus exactement ni plus fortement, mais dans une nuance plus parfaitement assortie au coloris de l'ensemble. Ajoutons que d'importantes modifications ont été apportées par lui, et par lui seul, dans le chant et dans l'orchestre; que la plupart des récitatifs ont été écrits spécialement pour l'ouvrage, ainsi que plusieurs strettes; et qu'enfin des airs de ballet, dont la plupart sont nouveaux, et plusieurs morceaux entièrement inédits, complètent cette partition, qui est tout simplement une succession de chefs-d'œuvre.

Nous demandons si c'est là un véritable *pastiche*, une simple *marqueterie*, une *infime mosaïque*, un *amalgame d'éléments hétérogènes* ou *disparates*? Sans contredit, si le titre d'opéra *nouveau* n'est pas académiquement juste pour les trois quarts de l'œuvre, il l'est du moins pour l'autre quart et pour l'ensemble. Mais, nous le répétons, dans un monde où les mots ont toujours plus d'importance que les choses, il eût été, sinon plus légitime, du moins plus adroit peut-être, de la part du théâtre, d'indiquer précisément l'origine et la nature de l'ouvrage.

On a beaucoup parlé à ce sujet de l'unité d'inspiration qui doit caractériser les œuvres *sérieusement faites*. Si on entend par là l'unité de couleur, on a grandement raison, et nous venons de montrer comment cette qualité suprême, si rare dans les œuvres même les plus généralement estimées, avait été soigneusement donnée par Rossini à son *Robert Bruce*. Mais si on conclut de ce principe qu'une œuvre doit nécessairement être pensée en bloc, on dit tout simplement une niaiserie. Il n'existe peut-être pas un seul ouvrage musical qui remplisse absolument cette condition; il n'en est pas un seul peut-être dont toutes les parties, sans exception, aient été spécialement pensées pour le sujet même; il n'en est pas un seul où le compositeur n'ait introduit tel morceau, telle phrase, tel effet, tel détail dont la pensée (alors même qu'il ne l'empruntait pas à autrui) lui avait été inspirée primitivement pour un autre cadre, ou du moins lui était venue au hasard, sans destination précise. La prière de *la Muette* était d'abord un *Agnus Dei*; le chœur des baigneuses des *Huguenots* est une vieille romance intitulée *le Temps et l'Amour*, qui n'est pas même de l'auteur de l'opéra; le choral de cet ouvrage appartient pareillement à Luther; le duo de *Robert-le-Diable*, entre Alice et Bertram, est un emprunt fait à Mozart. Mais je m'arrête : il faudrait des volumes pour signaler l'origine de tous les morceaux de rapport dans les partitions réputées chefs-d'œuvre comme unité de style, y compris *la Dame Blanche* et *le Pré aux Clercs*.

M. Berlioz lui-même, malgré son horreur du *pastiche*, aurait donc fait du *pastiche* en introduisant, dans le *Freyschütz* de Weber, des récitatifs de sa propre composition, ainsi que *l'Invitation à la valse*, qui certes n'a rien de commun, comme sujet, avec cet opéra fantastique? Il aurait donc fait du *pastiche* en intercalant un air hongrois dans sa *Damnation de Faust*? La fameuse chanson de *la Puce*, qu'on y chante si agréablement, est également une certaine chanson à *un* temps, en l'honneur de ce même insecte, par laquelle l'illustre compositeur se révéla au monde musical il y a vingt-cinq ans. Et si nous citons M. Berlioz, c'est que de tous les compositeurs actuels, c'est celui qui vise avec le plus d'acharnement, de déraison et d'impuissance, à l'unité de style (1).

Or, à ce compte, *la Muette*, le *Don Juan* de l'Opéra, *les Huguenots*, le *Freyschütz*, *Robert-le-Diable*, *la Damnation de Faust*, etc., etc., seraient donc de simples *pastiches*? — Assurément non! — Argumentera-t-on du peu d'importance relative qu'ont ces divers morceaux de rapport dans les œuvres que nous venons de citer? Mais en ce cas ce n'est plus une question de critique : c'est une question d'arithmétique. Quelle sera désormais la règle de nos jugements? Nous demandons alors que l'on fixe précisément l'importance des emprunts qu'un compositeur

---

(1) Nos typographes nous ont fait dire *raison* au lieu de *déraison* dans *le Siècle*. Nous n'avons pas relevé plus tôt cette erreur, pensant que le sens général du passage indiquait suffisamment le contraire. Ce sont là de ces fautes d'impression que les lecteurs rectifient d'eux-mêmes.

peut faire, nous ne disons pas même aux œuvres d'autrui, mais seulement à ses propres œuvres ; nous demandons qu'on trace clairement la limite qui sépare l'œuvre *unitaire* du *pastiche*; nous demandons que les critiques et les compositeurs soi-disant *sérieux* nous enseignent à combien de mesures finit l'une, et à combien commence l'autre.

Sérieusement, non. Ce qui constitue le *pastiche*, c'est le gâchis, le multicolore, le disparate. Ce qui constitue l'unité, c'est la similitude de physionomie, de couleur, de style, toutes qualités qui ne prouvent ni n'exigent la communauté d'origine. Un compositeur peut faire une véritable arlequinade, en écrivant toute une partition expressément pour le sujet qui lui est donné d'avance : la plupart des ouvrages secondaires nous en fournissent incessamment la preuve. Un compositeur, au contraire, peut faire une œuvre admirablement une, en réunissant habilement, dans un cadre donné après coup, des inspirations recueillies dans cinquante autres de ses ouvrages. C'est une affaire de tact, de patience et de dextérité. L'auteur de *Robert Bruce* a apporté dans cet arrangement les qualités merveilleuses de goût et d'habileté dont il est doué. L'appropriation est parfaite, et par conséquent l'unité incontestable.

S'il en eût été autrement, malgré le profond dédain qu'on affecte de prêter à Rossini pour ses œuvres, — dédain qui a contribué, comme chacun sait, à l'exiler à deux cents lieues des mutilations qu'on osait leur faire, — il n'eût pas signé ce prétendu *pastiche*, soyez-en sûr, même après l'avoir arrangé, lui qui excelle surtout dans l'unité de style. Les gens qui clabaudent le contraire à l'égard de *Robert Bruce*, ne se formaliseront pas de nous voir préférer l'opinion de Rossini à la leur, si respectable qu'elle soit.

Les auteurs du nouveau poëme ont servi le compositeur, dans cette refonte de *la Donna del Lago*, avec un talent que nous applaudissons sincèrement. Il était difficile de calquer un poëme sur le poëme primitif, de manière à en conserver le sens général et les principales situations, tout en faisant néanmoins quelque chose de nouveau. La vie de Robert Bruce a paru à MM. Alphonse Royer et Gustave Vaëz se prêter à cette imitation originale. Robert Bruce, dans sa lutte contre Édouard, a déployé beaucoup d'énergie et d'activité. Cependant ce personnage ne suffisait pas à l'action d'un poème dramatique : c'est une figure historique, voilà tout ; mais les amours de Marie, fille de Douglas, partisan de Robert, et celles d'Arthur, chevalier combattant dans l'armée d'Édouard, ces amours contrariées par les guerres civiles, offraient les éléments lyriques indispensables. Robert Bruce se cache dans le château de Douglas ; Arthur l'y vient chercher, le rencontre et le prend pour un rival ; le roi se découvre au moment où il aurait pu profiter de l'erreur de son ennemi, et par cette révélation il obtient son salut. Arthur, condamné par Édouard pour avoir laissé s'échapper Robert, va périr, lorsque celui-ci le sauve à son tour en s'emparant du château d'Édouard. On signe un traité de paix, et les bardes, que Rossini fait si admirablement chanter la guerre, célèbrent cette fois le bonheur des amants. Ce livret est intéressant, bien coupé, et écrit avec une élégance poétique dont les échos de l'Académie royale n'ont pas toujours eu à se féliciter. Mais c'est surtout dans l'application du mot à mot des paroles aux phrases mélodiques, que les auteurs ont fait preuve d'une intelligence et d'un soin dont peu de librettistes eussent été capables. Pour les opéras ordinaires, c'est le compositeur qui traduit le poète. Ici, c'est le poète qui a traduit le compositeur. Mais si le travail a dû être inversé, le résultat est resté le même. Paroles et mélodies s'unissent étroitement, intimement, dans une seule et même expression, toujours juste et toujours dramatique.

Les décorations de MM. Thierry, Séchan, Diéterle, Despléchin, Philastre et Cambon, sont d'une beauté qui mérite des éloges sans réserve. Les divertissements sont dessinés avec infiniment de charme, et font honneur à M. Mazilier. Les costumes sont d'une exactitude historique et locale qui l'emporte sur tout ce que l'Opéra nous a montré jusqu'à présent. Enfin, la mise en scène est d'un pittoresque et d'une richesse que rien ne surpasse dans nos souvenirs. Telle est la splendide monture où le bon goût de M. Pillet a enchâssé, pour ainsi dire, toutes les beautés de la partition, toutes ces perles d'origines diverses, mais d'une eau si pure et si bien assortie, dont le compositeur a formé avec tant de soin et de bonheur un magnifique collier. Voilà plus d'éléments de succès qu'il n'en faut pour triompher des hostilités, dont l'apparition de *Ro-*

bert Bruce a été le maladroit prétexte, contre l'administration de l'Opéra.

Chaque représentation en trahit l'existence, soit par d'injustes *chut*, adressés à Mme Stoltz pour comprimer les applaudissements les mieux mérités, soit même, comme à la quatrième représentation, par un coup de sifflet, jeté prématurément aux machinistes dans le dessein de faire manquer le changement à vue du deuxième acte. Ce sont là des tentatives dont l'inanité même contribuera au succès de l'ouvrage. Ce qu'il y a d'incontestable dès à présent, c'est que l'administration a bien mérité de l'art en entourant le retour de Rossini de toute la pompe convenable, et en préparant ainsi le chemin à Meyerbeer lui-même; c'est que la mise en scène de *Robert Bruce* est le plus magique spectacle qu'on puisse voir; c'est que l'exécution, sans être irréprochable de tous points, est devenue généralement satisfaisante; c'est que le répertoire de l'Académie royale s'est enrichi d'un chef-d'œuvre, ou, si vous l'aimez mieux, d'une sublime *plaisanterie* de plus; et, enfin, c'est que le Méphistophélès de Bologne a décidément droit aux sous-pieds marmoréens que notre admiration lui a dressés dans l'antichambre du temple.

Louis DESNOYERS.

— FEUILLETON DU SIÈCLE, DU 24 JANVIER 1847. —

REVUE MUSICALE.

II.

Citations justificatives à l'égard de Rossini. — Mésaventure assez curieuse d'un des membres les plus distingués de l'Institut, racontée par lui-même. — Opinions contradictoires de divers *gens de goût*, y compris l'auteur de *l'hymne à la Puce*, de l'auteur du caprice sur *la Truite* et autres compositions *sérieuses*, relativement à l'auteur de *Robert Bruce* et autres *facéties*.

On nous reproche d'avoir exagéré les attaques dont Rossini a été l'objet dès son apparition en France, et dont maintenant encore il peut entendre le bourdonnement dans sa glorieuse retraite. Comme nous avons l'habitude de ne jamais avancer un fait sans preuve justificative, nous allons appuyer notre allégation de quelques jugemens empruntés aux feuilles de diverses époques. Nous nous abstiendrons, bien entendu, de reproduire les injures, les insultes, les grossièretés que certaines publications de bas étage s'amusaient à aboyer chaque jour, chaque semaine ou chaque mois, contre le plus grand artiste de ce temps-ci. Nous nous bornerons à citer, comme échantillons de critique, les opinions qui se recommandaient par l'importance de l'écrivain et par celle du journal. Ce sont là, pour l'artiste, les véritables difficultés du chemin; les autres n'en sont que la boue : celles-ci salissent, mais celles-là seules arrêtent.

Voici, par exemple, ce que le critique du *Journal des Débats*, — qui n'était pas encore le spirituel auteur de l'*Hymne à la Puce* et de la chanson du *Rat empoisonné*, dans *la Damnation de Faust*, — écrivait le 10 décembre 1825, sur la représentation de *Semiramide* :

« ... Les auditeurs étaient fatigués... Cet opéra abonde en

« lieux communs et en redites... L'ennui planait de toutes parts...
« Plusieurs ont pris leur salut dans la fuite. Les plus intrépides
« ont été *victimes* de leur zèle et de leur curiosité. *Fiasco! or-*
« *rible fiasco!* disaient les Italiens qui abondaient à cette repré-
« sentation. Les Français ne disaient rien, mais on pouvait pré-
« sumer qu'ils juraient qu'on ne les y reprendrait plus. »

Les Français, en ce cas, n'ont guère tenu leur serment, car on n'a cessé de les y reprendre, et, cette année comme toujours, les beautés de *Semiramide* ont fait de bien nombreuses *victimes* parmi eux.

Du reste, l'apparition de *Semiramide* coïncidant avec celle de *la Dame blanche*, on tira naturellement du grand magasin à paradoxes la vieille rengaîne de la nationalité musicale, et l'on se plut à exalter le compositeur français aux dépens de l'italien. Le dénigrement fut poussé en ce genre à un tel degré de scandaleuse bêtise, que Boïeldieu lui-même, dont la loyauté égalait le talent, et qui avait fini par se convertir au génie de Rossini, se vit obligé de lutter contre l'enthousiasme excessif dont son dernier ouvrage le rendait l'objet. Nous tenons d'un de ses élèves ce fait, qui honore son caractère autant que ses ouvrages ont honoré son nom : Il fit placer chaque jour sur le piano de sa classe quelqu'une des partitions de Rossini, et là, avec une bonne foi, un bon goût et une modestie vraiment héroïques, il apprenait à ses élèves à épeler les immortels chefs-d'œuvre de son rival ; il leur en enseignait l'admiration et s'efforçait de leur démontrer l'infériorité relative des siens. L'histoire des arts n'a certainement rien de plus beau que ce trait de modestie et de probité intellectuelle; mais il ne trouva guère d'imitateurs parmi les collègues du professeur, et le chef du Conservatoire était loin surtout de leur en donner l'exemple.

Nous ne pouvons résister au désir de citer ici quelques fragments d'une lettre fort spirituelle que nous avons reçue à ce sujet d'un des membres de l'Institut :

« Nice, le 6 février 1847.

« A Monsieur le rédacteur de la *Revue musicale* du Siècle.

« Monsieur,

« J'ai lu avec l'intérêt le plus vif dans *le Siècle* les articles où vous retracez l'histoire de la critique à l'égard des ouvrages du plus grand compositeur qui ait jamais existé.

« Au moment de la première apparition de ce sublime génie, en 1819 et pendant les années suivantes, j'étais élève du Conservatoire. Je connaissais déjà quelques-unes des partitions de ce jeune homme (il avait alors vingt-un ans à peine) qui, déjà vieux de gloire en Italie, était encore complètement ignoré à Paris.

« Les princes de l'art étaient alors Chérubini, Lesueur, Berton, Boïeldieu et Catel. Certes, ce sont là des noms qui ont droit à tous les hommages, mais ils prouvent une fois de plus que la déraison et l'injustice peuvent malheureusement s'allier aux talents les plus éminents. Vous allez en juger.

« M. Chérubini disait alors de Rossini qu'il fallait tout simplement *le faire enfermer à Charenton.*

« M. Berton haussait les épaules de pitié à ce seul nom de Rossini, et publiait chaque jour dans *l'Abeille musicale* des articles virulents contre les compositions *bizarres, incorrectes* et *insensées* de ce *soi-disant compositeur!*

« M. Catel ne voyait dans la musique du jeune maître que quelques fautes contre la grammaire et la syntaxe musicales. Du reste, disait-il, *ce n'est pas même de la musique.* (Textuel.)

« M. Boïeldieu modifia plus tard son opinion; il avait trop de goût pour ne pas le faire; mais il trouva d'abord que *dans tout cela il n'y avait pas de chant.*

« M. Lesueur, un peu moins injuste que ses collègues, restait stupéfait en entendant la nouvelle instrumentation. Il approuvait cependant l'orchestre de Rossini, mais simplement comme *un agréable concert de solistes auquel le compositeur donnait occasion de briller à tout propos et un peu hors de propos.*

« Les élèves de ces messieurs abhorraient naturellement Rossini sans le connaître. J'entrais chaque jour dans quelque lutte nouvelle en faveur de mon héros, mais je ne réussissais qu'à me rendre un objet de risée pour tous mes camarades.

« Or, dans la classe de composition les élèves choisissaient eux-mêmes les paroles qu'ils avaient à mettre en musique.

« J'avais pour professeur l'auteur de *Montano* et d'*Aline*, qui, des cinq proconsuls musicaux de l'époque, était le plus frénétique adversaire de l'auteur de *Moïse* et du *Barbier*.

« On m'avait envoyé de Naples deux partitions nouvelles de Rossini.

« Ces deux partitions avaient pour titre : *Mosè* et *Otello*; elles venaient d'être représentées en Italie et excitaient un enthousiasme universel.

« Le hasard voulut que M. Berton nous indiquât alors, pour sujet de composition, une prière et une marche.

« Il me vint à l'idée de mettre à l'épreuve, en espiègle écolier que j'étais, la judiciaire musicale de mon très-honoré professeur.

« Les chœurs d'*Esther* me fournirent des paroles applicables à la prière, et Baour-Lormian m'en fournirait pour la marche triomphale.

« Cela fait, je déposai mes deux morceaux sur le bureau du célèbre auteur du *Délire*.

« Ma prière était celle de *Moïse*.

« Ma marche était celle d'*Otello*.

« J'avais ajusté assez passablement les paroles sous la musique de Rossini, et, le copiant servilement, je n'avais pas omis une seule note, soit pour le chant, soit pour l'orchestre.

« Eh bien ! l'auteur de la prière nuptiale de *Montano* trouva la prière de *Moïse* une *chanson d'aveugle*, *une mélodie profane*, *d'un style détestable*.

« L'auteur de la marche d'*Aline* trouva la marche d'*Otello*, *baroque*, *sautillante*, *ridicule et bonne à faire danser et marcher Scapin et Polichinelle*.

« Bref, on me mit à la queue des autres élèves, et leurs prières et leurs marches furent trouvées *très-bien*.

« Ce dernier fait me décida. Je quittai sur-le-champ la classe des Invalides. C'était dans ce quartier que logeait et professait M. Berton. (Heureux choix de domicile!)

« Si plus tard j'ai obtenu quelques faibles succès en Italie et en France, je les dois à un maître bien cher et qui n'a jamais eu rien de commun avec le Conservatoire.

« Plus tard, les mêmes hommes, qui avaient si fort conspué mes admirations rossiniennes, m'ont rendu justice, et ont avoué qu'à l'avènement en France de l'auteur de *Guillaume Tell*, j'avais eu, moi seul au Conservatoire, le mérite de les apprécier, de les admirer, et, ce qui était un acte de courage bien plus remarquable encore, de les défendre.

« Vous voyez, Monsieur, que le Conservatoire n'est pas une cour suprême en musique, et que l'Europe se permet parfois de casser ses arrêts.

« Il en sera de même pour *Robert Bruce*; vous l'avez dit, Monsieur, et votre oracle, croyez-moi, est plus sûr cette fois que celui de Berlioz.

« Agréez, Monsieur le rédacteur, etc. »

***

Ce que notre honorable correspondant dit ici de la faillibilité des conservatoires, on peut le dire également des orchestres, des sociétés musicales, des académies, et généralement de toutes les corporations, car la routine, le préjugé, la sottise, l'orgueil, la vanité, la jalousie, l'envie, tous les mauvais instincts, toutes les mauvaises passions se multiplient là, par le contact même, et arrivent ainsi à une puissance de bêtise et de méchanceté à laquelle l'individu isolé ne saurait jamais atteindre. L'union fait la force, pour le mal comme pour le bien; — pour le mal surtout. Veut-on savoir, par exemple, comment l'orchestre de l'Opéra accueillit *Mosé*, lorsque M. Lubert, le plus habile, mais le plus méconnu des directeurs, car il était aussi modeste qu'habile, chargea Rossini d'approprier à la scène française cet oratorio si plein d'une suave sublimité? Un seul fait entre mille peut nous faire juger quel fut cet accueil. Vous vous rappelez la scène des ténèbres, cette inspiration éminemment lugubre et grandiose? vous vous rappelez notamment la phrase principale de ce chef-d'œuvre, cette phrase si expressive dans sa brièveté élégante, qui a tant d'originale variété par ses modulations, tant de poétique monotonie par ses retours incessants, et dont cette monotonie même produit un effet de profonde tristesse? Hé bien! s'il faut en croire les locataires les plus rapprochés de l'orchestre, les musiciens de ce temps-là avaient ajusté un grossier quolibet sur cette phrase à jamais admirable, et beaucoup d'entre eux, tout en jouant leur partie instrumentale, s'amusaient à chanter *sotto voce* :

> Mon Dieu, que c'est donc embêtant!
> Mon Dieu, que c'est donc embêtant!
> Mon Dieu, etc.

et ainsi de suite, jusqu'à la fin du morceau. Ces Messieurs trouvaient cela fort drolatique. C'est possible, mais si nous les blâmons à propos de cette charge, c'est bien moins encore de l'avoir chantée, que de l'avoir pensée. Et soyez sûrs qu'ils la pensaient; ils étaient de trop bons musiciens pour qu'il en fût autrement.

Mais revenons.

Depuis long-temps déjà *la Gazza ladra* avait été vilipendée par les *gens de goût*, comme le fut plus tard *Mosè*, et comme *Robert Bruce* devait l'être de nos jours.

On avait reproché au compositeur, — « de conduire ses per-
« sonnages à la mort du même train qu'il les eût menés à la
« noce. »

La marche du supplice, si navrante de tristesse, avait été traitée de *contredanse*, et de son côté *le Journal des Débats* avait reproché au compositeur d'avoir « écrit en *valse* l'air de fureur
« du podesta, » dans la scène si dramatique de la prison, jugeant sans doute que toute mesure à trois temps était nécessairement une valse.

Mais ce fut surtout à l'apparition du *Siége de Corinthe* sur la scène de l'Opéra (9 octobre 1826) que le chauvinisme musical atteignit son paroxysme d'indignation. L'on put croire un moment que certains critiques allaient se lever en masse et repousser à coups de fusil ce qu'ils appelaient « l'invasion de notre scène
« nationale par la grosse caisse ultramontaine, » comme si, depuis

sa création, notre premier théâtre lyrique avait jamais été autre chose que l'heureux tributaire de l'Allemagne et de l'Italie. Nous pourrions citer de ces Coclès philharmoniques qui furent vraiment beaux de courroux. Leur principal organe, par exemple, quelques jours avant la première représentation de l'ouvrage, publia, au nom du peuple français, contre l'administration du théâtre, un manifeste qui pourrait servir avec succès si jamais les malheurs de la patrie ramenaient les Prussiens au cœur de la Champagne. Il n'y a pas de coalition qui pût tenir vingt-quatre heures sous le feu de pareilles imprécations.

Le Constitutionnel se montra l'un des plus modérés, non pas quant au fond des choses, mais du moins quant à la forme, ce qui était déjà beaucoup, car la politesse n'est pas précisément la qualité distinctive des polémiques d'art. Voici ce que M. Evariste Dumoulin écrivait dans ses colonnes, le surlendemain de la première représentation :

« ..... C'est de la musique comme il s'en trouve partout. Un
« joli trio au premier acte ; au deuxième, un final d'un grand ef-
« fet dramatique ; au troisième, la bénédiction des drapeaux,
« belle sans doute, *musicalement parlant*, mais dans laquelle le
« compositeur est resté fort au-dessous du poète ; — » (nous croyons nous rappeler que le poète était M. de Jouy, un des collaborateurs du critique) ; — « ajoutez à cela force morceaux d'ensemble,
« des chœurs en abondance, de l'harmonie, du bruit, du tapage ;
« et vous aurez une idée de cette partition... Ajoutez-y, si vous
« voulez, un air d'Adolphe Nourrit, auquel le talent du chanteur
« donne du prix ; mais... résolvez-vous à désirer presque tou-
« jours du chant, de la mélodie, des motifs *trouvés*, du charme
« enfin ; allez applaudir un ouvrage...... dont pourrait s'honorer
« tout au plus un compositeur d'un talent médiocre et d'une répu-
« tation encore incertaine.»

Chacun des ouvrages de Rossini pourrait nous fournir des jugements non moins *définitifs*; mais nous avons hâte d'arriver au *Barbier*. S'il est une œuvre d'art qui soit presque unanimement réputée chef-d'œuvre à l'heure où nous sommes ; c'est à coup sûr cette admirable traduction en musique, de toute la grâce, de toute la verve, de tout l'esprit de Beaumarchais. Eh bien !

voici ce qu'écrivirent les *gens de goût* lorsqu'elle parut en France.

On lit dans *la Quotidienne* du 27 octobre 1819 :

« L'attente générale n'a pas été remplie ; le second acte de cet « opéra est à peu près nul, et le premier n'a pas été trouvé assez « fort pour faire oublier la musique de Paësiello. Mais le public « a été agréablement surpris de voir présente Mme la duchesse « de Berry dans sa loge. »

Ainsi, ce que le critique de *la Quotidienne* trouvait de plus remarquable dans le chef-d'œuvre comique de Rossini, c'était Mme la duchesse de Berry. « Le second acte de cet opéra était *à peu près nul*, MAIS, » etc. Ce *mais* est certainement un des plus jolis que l'on puisse citer dans l'histoire des correctifs humains.

Voici ce qu'on lisait dans *les Débats* du 28 octobre même année :

« ...... Le premier acte a produit quelque effet ; on y trouve « deux duos agréables, mais qui l'eussent paru davantage s'ils « eussent été plus courts. La cavatine de Figaro (*Largo al fat-« totum*) est d'une facture trop pénible et trop tourmentée ; et « l'air de Basile (*la Calomnie*) ne peut soutenir la comparaison « avec le même air de Paësiello. Le second acte a été moins « heureux que le premier. L'entrée de don Alonzo est faible, etc. »

Voici l'opinion de *la Gazette de France* (28 octobre 1819) :

« .... Le second acte avait parfaitement disposé l'audi-« toire à goûter la douce langueur d'une nuit paisible. Pellegrini « n'a presque point eu d'occasions de déployer son beau talent « dans le rôle écourté de Figaro, etc. »

Le critique de *la Gazette* avait dormi dans sa stalle, malgré l'intéressante présence de la duchesse de Berry. Il ajoutait, le 29 novembre suivant : « Les deux *Barbier* (celui de Paësiello et celui de Rossini) pourront bien s'en aller ensemble. »

La prédiction ne s'est accomplie qu'à moitié.

Le *Journal de Paris* du 28 octobre 1819 accordait que le *Barbier* de Rossini, ouvrage *brillanté* et rempli de *concetti*, pourrait néanmoins *varier agréablement le répertoire*; et il ajoutait : « L'introduction a paru vague et sans couleur. Les deux cava-« tines de Figaro et de Rosine n'ont point un caractère bien dé-

« terminé; l'air de Bartolo est assez insignifiant; le musicien au-
« rait pu tirer meilleur parti de l'air de Basile (*la Calomnie*);
« et le final du premier acte se termine par un tapage qui, en
« conséquence, passe les bornes prescrites à nos modernes VACAR-
« MINI. »

Le 27 novembre suivant, le *Journal de Paris* revenait sur cette accusation et s'écriait douloureusement qu'il fallait avoir *l'oreille doublée de corne* pour se plaire au *Barbier* de Rossini. « Trouver un chant pur, expressif, c'est l'œuvre du génie. » — (Paësiello.) — « Chiffrer des basses et des accompagnements
« multipliés, c'est l'œuvre d'un écolier studieux et sans inspira-
« tion. » — (Rossini. Voyez-vous Rossini chiffrant des basses!) —
« Cela s'apprend comme les quatre règles de l'arithmétique. Si le
« nouveau système musical pouvait prévaloir, nous entendrions
« un jour un opéra joué dans l'orchestre avec accompagnement
« de voix sur le théâtre... *Le Barbier* de Paësiello doit conserver
« le premier rang, aussi longtemps que les hommes seront sen-
« sibles aux charmes de la mélodie. »

L'Indépendant partageait cette opinion et trouvait aussi la musique du *Barbier* de Rossini trop bruyante.

Le Constitutionnel, qui n'avait pas encore au service de sa critique musicale la plume spirituelle qu'il possède aujourd'hui, *le Constitutionnel* faisait dès lors du tiers-parti. « Quelques Ita-
« liens, disait-il, ont laissé la question indécise, et les artistes
« français ont donné gain de cause à Paësiello. »

Mais le plus fougueux des adversaires de Rossini était sans contredit monsieur E.-J. D., un des critiques distingués de notre temps, qui faisait ainsi part de ses impressions aux lecteurs du *Lycée* :

« En Italie, » disait-il, « les uns font de M. Rossini l'Orphée du
« siècle; les autres disent que c'est un compositeur d'un goût dé-
« testable. Quant à moi, depuis que j'ai entendu *le Barbier*, je
« pense que chacun a peut-être raison, et que M. Rossini seul a
« tort. L'ouverture est une agréable symphonie, mais les airs et
« les morceaux d'ensemble manquent en général de cette expres-
« sion vraie, vive et touchante, qui est le cachet de la bonne mu-
« sique. Il s'en faut bien que celle de M. Rossini brille par le chant.

« Les motifs en sont ordinaires et d'une tournure bizarre ; la
« phrase musicale est hachée, saccadée, et finit presque toujours
« par une note différente de celle que l'oreille attend. Or, si le
« chant manque de simplicité, ce n'est pas dans les accompagne-
« ments qu'on la retrouve. Je ne crois pas qu'on ait jamais exé-
« cuté à Paris un opéra surchargé d'autant de notes. L'auteur vise
« toujours aux grands effets. Aussi ses artifices habituels, et dont
« l'abus, il faut le dire, devient fatigant dans cet ouvrage, c'est
« de faire rugir aux oreilles des auditeurs les accords les plus
« dissonnants....., ce sont ces transpositions d'un ton dans un
« autre, trop fréquentes et trop brusques. Les accompagnements,
« toujours vifs de mouvement, se confondent avec le chant, qui
« est trop saccadé, et l'effet de ce double défaut est d'engendrer
« une confusion de sons qui rend cette musique très-difficile à
« comprendre. Je dirai de plus qu'elle est fort peu expressive.....
« Pellegrini joue avec grâce le rôle du barbier ; on regrette seule-
« ment que la musique de cet opéra ne lui fournisse pas plus d'oc-
« casions de faire briller son talent. »

Vous le voyez, les reproches les plus contradictoires assaillirent dès le premier moment la musique de Rossini. Le plus général, c'était de manquer de chant, de ne rien exprimer, et d'être excessivement commune et bruyante. En vérité, quand on songe à la surabondance mélodique, à la verve d'expression, à la délicatesse instrumentale, à l'élégance, à la clarté diaphane, à la grâce, à l'ineffable douceur qui distinguent la partition d'*Il Barbiere*, on est réduit à se demander si c'est que depuis un quart de siècle les mots mêmes de notre langue ont changé de signification. A moins d'accompagner ses chants par deux ou trois cents flûtes traversières, je ne comprends pas, en effet, comment le compositeur eût pu faire entendre à ces messieurs quelque chose de plus suave. Notez ceci : les oreilles qui se plaignaient de la sorte étaient les mêmes que le Dérivis et le Branchu faisaient se dresser de plaisir.

Enfin, un peu plus tard, M. Berlioz écrivait les lignes suivantes, le lendemain de la représentation d'un opéra de Gluck, dont le souvenir l'avait fait *se tordre toute la nuit dans son lit*, comme il en a la douce habitude. Le propre de la belle musique sur M. Berlioz (il l'avoue en cent endroits), c'est de lui hérisser les cheveux, d'agacer ses dents, de débondonner ses larmes, et de le faire *se tordre dans son lit*, de même qu'après sa capture, la *truite* de Schubert, variée pour piano par M. Stephen Heller, l'eût fait sans doute dans la poêle à frire. C'est ainsi que les truites et les organisations d'élite paraissent jouir des arts.

« ..... La grande vogue de Rossini commençait précisément à
« cette époque, » écrivait donc M. Berlioz; « ses admirateurs, aussi
« fanatiques dans leur genre que je pouvais l'être dans le mien,
« étaient pour moi l'objet d'une haine et d'une horreur à peine
« croyables. S'il eût été alors en mon pouvoir de mettre un baril
« de poudre sous la salle Louvois et de la faire sauter pendant la
« représentation de *la Gazza* et d'*Il Barbiere*, avec tout ce qu'elle
« contenait, à coup sûr je n'y eusse pas manqué. »

M. Berlioz exagère évidemment. Nous ne le croyons pas plus capable d'employer si méchamment la poudre que de..., — mais elle était inventée depuis longtemps. Et d'ailleurs, s'il pouvait jamais se laisser emporter par la haine de la mélodie jusqu'à diriger maintenant contre *le Barbier* un arsenal quelconque de bonnets de coton, il en serait certainement empêché par son ami, M. Stephen Heller. L'auteur de l'hymne à *la Puce* et l'auteur du caprice sur *la Truite* professent l'un pour l'autre une légitime admiration, mais ils font preuve d'une moins bonne harmonie dans leurs sentiments pour *le Barbier*. Une excellente feuille de cette spécialité, la *Critique musicale*, a signalé dernièrement à l'attention du monde *sérieux* un article où, à propos de *Robert Bruce*, M. Stephen Heller nous apprend enfin, nettement et catégoriquement, ce que nous devons penser de Rossini. C'est un grand service rendu à l'art. L'auteur de *la Truite* appelle l'auteur de *Guillaume Tell*, d'*Otello*, de *Moïse*, etc., un *grand corrupteur de musique*; il lui reproche ses *cavatines efféminées*, ses *passions sans vérité*, son *hypocrite phraséologie*, son *manque de goût*, et *ses idées triviales et vulgaires*. Bien trouvé! Mais il reconnaît, néanmoins, d'éminentes qualités chez ce *grand corrupteur*, et surtout il ne craint pas d'excepter de son blâme et de ses réserves *le Barbier de Séville*, qu'il proclame, sans tergiversation, un *chef-d'œuvre depuis le commencement jusqu'à la fin*. Bien certainement M. Stephen Heller ne permettrait pas à M. Berlioz de faire sauter *le Barbier* et ses admirateurs, puisqu'il est du nombre.

Quoi qu'il en soit, le ridicule actuel des opinions que nous avons citées plus haut nous semble peu encourageant pour celles dont le *pastiche* de l'Opéra a été criblé. Pense-t-on que les dernières paraîtront moins absurdes que les autres, lorsqu'on s'avisera de les citer à leur tour dans une trentaine d'années. Quant à nous, nous avons la conviction profonde que tous les chefs-d'œuvre du *grand corrupteur de musique*, y compris *Robert Bruce*, jouiront un jour de l'heureuse sécurité dont jouit maintenant *le Barbier*. Mais au pis aller, si les réserves de M. Stephen Heller peuvent encore inspirer quelque vague inquiétude pour l'avenir de *Semiramide*, du *Comte Ory* et de vingt autres inspirations *triviales, vulgaires et sans goût*, le sort paisible du *Barbier de Séville* est du moins assuré. L'auteur de *la Truite* l'approuve et le protège : il ne manque donc plus à sa gloire que l'assentiment de l'auteur de *la Puce*.

Louis DESNOYERS.

— FEUILLETON DU SIÈCLE, DU 31 JANVIER 1847. —

REVUE MUSICALE.

III.

De l'apothéose littéraire et du feu de Bengale, vulgairement appelés *Réclames*. — De la haute critique, selon la société Duvoyrier et compagnie. — Du *pastiche* en général ; — De *Robert Bruce* en particulier ; — Et des opinions, à ce relatives, de MM. Berlioz et autres *gens de goût, aussi grands que le monde*.

Quand on a le travers, — car c'en est un maintenant, — d'attacher aux mots de la langue une signification précise et de s'en servir, non pas pour mieux déguiser sa pensée, selon le précepte diplomatique, mais au contraire pour l'exprimer le plus sincèrement possible, on est vraiment très-embarrassé dans le choix des éloges que l'on croit devoir aux hommes et aux choses d'un mérite réel. La camaraderie, la cluberie, l'estaminetterie (qu'on nous permette ces néologismes devenus nécessaires), ainsi que la bienveillance, la complaisance et la vénalité, ont tellement prodigué les formules de la louange, qu'elles sont tombées dans un complet discrédit, comme les assignats au temps du Directoire. Il faut maintenant cent lignes d'enthousiasme pour valoir un compliment passable, de même qu'il fallait cent mille francs de papier-monnaie pour payer une simple botte d'asperges.

Tel est l'inévitable effet de la prodigalité. La critique autrefois pensait avoir témoigné une suffisante admiration en disant d'un homme, qu'il ne manquait pas de talent, ou bien que son œuvre était remplie de mérite. Avisez-vous donc à présent d'une pareille modération ! Ce serait à vous faire vilipender, ce qui est la manière de lapider des temps et des estaminets modernes. Le mot *beau* est devenu diantrement tiède ! Qui est-ce qui se contente à présent du mot *beau ?* — « *Beau* vous-même ! » vous répondra un vaudevilliste de Bobino. Non, ce n'est pas trop maintenant des épithètes les plus superlatives : — Superbe ! magnifique ! splendide ! étourdissant ! écrasant ! renversant ! stupéfiant ! éblouissant ! délirant ! pantelant ! etc. — La camaraderie ne saurait en être quitte à moins. *Monsieur et Madame le maire de Meaux* sont les seuls critiques qui, dans *les Saltimbanques*, se servent encore impunément de la modeste formule : *Très-bien ! très-bien !* — L'auteur que vous vous bornez à traiter d'estimable ne vous salue plus dans la rue ; — le peintre, dans l'œuvre duquel vous avez signalé vingt qualités contre un seul défaut, vous regarde dès-lors comme un ennemi plus ou moins politique ; — le musicien, que vous vous êtes contenté de mettre au rang des maîtres, est très-tenté, lui, de vous mettre au rang des envieux et des crétins ; — enfin, c'est risquer une affaire personnelle avec le paillasse des Funambules, que le traiter tout bonnement d'habile comédien.

Tout le monde aujourd'hui prétend au titre de grand peintre, de grand écrivain, de grand orateur, de grand médecin, de grand compositeur, de grand chanteur, de grand dentiste, de grand pianiste, de grand pédicure, de grand comique. Il y avait jadis des hommes de talent, il n'y a plus maintenant que des hommes de génie. Les hommes de génie grouillent et foisonnent ; nous en avons à remuer à la pelle. Les hommes qui en ont véritablement sont justement les seuls qui passent encore pour n'en avoir pas.

C'est qu'en effet, les hommes d'une valeur incontestable sont les seuls que la jalousie, l'envie, la sottise et la routine aient intérêt à contester. On décernera, sans marchander, les plus emphatiques éloges aux nullités les plus notoires. Qu'importe une ovation imméritée ? Personne n'y croit, excepté l'imbécile qui en est l'objet, et qui retombera d'autant plus bas dans le ridicule ou dans l'oubli, qu'on aura momentanément élevé son pavois plus haut.

Ajoutons que si les camarades, les indifférents et les mystificateurs, lui refusent gratis quelques grains de leur encens, la médiocrité saura très-bien s'en offrir elle-même, ce que le génie et le talent rougiraient de faire, par pudeur, à défaut de modestie. Elle pourra s'en enfumer, s'en asphyxier à des prix très-modérés. La gloire est maintenant à la portée de toutes les bourses comme de toutes les intelligences. Cela se mesure comme de la galette. — « Deux sous de gloire, s'il vous plaît, et deux sous de galette. » — Le tarif offre même d'heureux accommodements. Pour cinq francs, je suppose, vous pouvez vous faire tirer grand homme à cinquante mille exemplaires, une seule fois; mais si vous consentez à être appelé grand homme quinze fois de suite, cela vous coûtera proportionnellement moins cher. Vous êtes un excellent client, on vous doit bien quelques douceurs. C'est ainsi que la réclame *payante* a fait invasion dans les journaux depuis quelques années. Elle se tenait humblement jadis au-dessous du filet qui sépare le journal de l'annonce, la conscience de la vénalité, la vérité du charlatanisme. Mais sous prétexte de favoriser le commerce, — le commerce des opinions sans doute, — on lui a permis de franchir cette utile limite, à la condition de payer à la douane un droit d'entrée plus ou moins considérable. Elle se carre maintenant parmi les *faits divers*, et pour peu qu'elle gagne encore du terrain, nous la verrons, dans quelques feuilles, s'installer effrontément en plein *premier-Paris*. Nous ne regrettons, bien entendu, ce premier envahissement qu'en ce qui concerne les arts, les lettres et les sciences. Que l'industrie se glisse partout où brille un rayon de ce que les poètes de l'annonce appellent *le soleil de la publicité* : elle est dans son rôle; il n'y a pas grand mal à ce que telle ou telle pilule, tel ou tel tissu, tel ou tel râtelier, se proclame la merveille du genre. Mais il n'en est pas de même en ce qui touche les œuvres de l'intelligence. Cette profanation perpétuelle de l'éloge en faveur des moins dignes, qu'elle soit le fait de la vénalité ou celui de la complaisance, cette profanation a rendu presque impossible la critique sincère et sage; elle a démonétisé la louange, donné l'apparence de la haine au moindre blâme, prêté quelque chose d'amer au conseil même le plus bienveillant, et quant au public, elle tend à troubler son entendement, à égarer ses opinions, à pervertir toutes ses notions du bien, et à substituer à ses admirations légitimes, ou de fausses admirations, ou, ce qui est pis encore, un déplorable scepticisme en matière de goût. Il faut bien le dire : nous touchons presque à ce manque pneumatique d'enthousiasme pour le beau; à cet athéisme de l'art, qui est à l'esprit ce que l'autre athéisme est à la conscience, et qui accusé toujours une perturbation profonde dans la raison humaine.

Oui, c'est par la prostitution de l'éloge, par sa vénalité, par sa fausseté, par sa futilité, que, de déceptions en déceptions, le public en est arrivé à ce funeste indifférentisme. Il est capable encore d'éprouver la curiosité irréfléchie et moutonnière qui fait les vogues, de même que les plus incrédules peuvent conserver de puériles superstitions; il reste des badauds, il en reste même beaucoup, mais il n'y a plus d'admirateurs. Quant à un enthousiasme de conviction, quant à un enthousiasme raisonné et raisonnable, n'en cherchez pas dans le public : il s'est vu tromper si souvent par de pompeux mensonges, qu'à force d'avoir cru à tout, il a fini par ne plus croire à rien. Et en bonne conscience, il n'en pouvait être autrement. Comment veut-on qu'au milieu des préoccupations de toute sorte qui absorbent ses journées et son intelligence, comment veut-on que le public, qui n'a ni le loisir, ni la capacité, ni la volonté du moins, d'apprécier par son propre goût les œuvres d'art et de littérature; qui n'a que bien juste le temps d'en jouir sans les analyser lui-même, et qui, par conséquent, grève son budget de quarante à quatre-vingts francs par an pour recevoir, sur chaque chose de ce monde, une opinion toute faite; comment veut-on que le public sache distinguer le vrai du faux, le sincère du complaisant, le spontané du payé, parmi les innombrables jugements que son journal lui expédie sous bande? comment veut-on qu'il oriente sa raison parmi tant de boussoles contradictoires? comment veut-on qu'il se fasse une idée saine des hommes et des choses, au milieu de cette lutte de tous les matins, entre la critique, plus ou moins passionnée, mais indépendante, et la réclame, toujours emphatique, toujours extatique, toujours mirifique? comment veut-on qu'il reste un animal raisonnable, selon la philosophie, lorsque, par exemple, il voit incessamment, dans un même numéro, des disparates de cette espèce :

« L'immense tableau de M. Horace Vernet, d'autres disent
« son immense tartine, continue d'être l'objet de toutes les con-
« versations. On s'accorde néanmoins à trouver que cette œuvre
« est une des plus médiocres de l'artiste, comme composition,
« comme dessin et comme couleur, etc. » (*Critique indépendante.*)

Et plus loin, à la troisième ou quatrième page : « L'illustre
« Galuchet vient enfin de terminer la grande et splendide toile
« que tous les amis de l'art attendaient si impatiemment. Per-
« sonne ne la connaît encore, et nous regrettons bien vivement,
« avec tous les admirateurs de ce magnifique tableau, que l'au-
« teur n'ait pu l'achever en temps utile pour l'envoyer au Salon,
« où certainement elle eût causé une sensation profonde. C'est là
« une de ces œuvres devant lesquelles, si le jury n'était pas livré
« au favoritisme, les portes d'un Musée vraiment national, de-
« vraient être toujours ouvertes. » (*Réclame de complaisance*.)

Autre exemple : — « L'*Hernani* de Victor Hugo a été repris
« devant les banquettes vides du Théâtre-Français. Messieurs les
« sociétaires se sont lourdement trompés, comme toujours, s'ils
« ont compté, pour ramener le public, sur cette pièce informe,
« dépourvue d'intérêt, et d'une poésie barbare et rocailleuse ; etc. »
(*Critique indépendante*.)

Et plus loin : « Une heure du matin. Nous suspendons notre
« tirage pour annoncer l'incroyable succès que vient d'obtenir à
« la Gaîté la première représentation du *Ravin des Larmes*, de
« M. Prosper Lamerluche. Notre émotion est si profonde que c'est
« à peine si nous avons la force de tenir la plume. Pendant six
« heures nous sommes resté là, ébloui, haletant, anéanti. Cette
« œuvre place définitivement son auteur au premier rang de nos
« écrivains dramatiques, et assure à l'habile administration du
« théâtre une série de deux cents représentations. Tout Paris
« viendra applaudir l'œuvre immense de M. Prosper Lamerlu-
« che. La France compte désormais un grand écrivain drama-
« tique de plus. » (*Réclame d'indifférence*.)

Autre exemple : — « Les nouvelles poésies de M. de Lamartine
« sont généralement jugées très-faibles. On était en droit d'at-
« tendre mieux de l'auteur des premières *Méditations*. » (*Critique
indépendante*.)

Et plus loin : — « *Toi pour moi, Moi pour toi*, tel est le titre
« du volume de poésies que vient de publier un de nos jeunes
« poètes les plus distingués, M. Patouillard, dont c'est le coup
« d'essai, et à qui nous prédisons sans crainte le plus brillant
« avenir. L'auteur en a fait, dans le grand monde, des lectures

« qui ont obtenu un succès étourdissant. Encore une étoile à
« ajouter à la brillante pléiade de ce temps-ci. Ce livre est sans
« contredit le plus remarquable qui ait paru depuis vingt ans.
« Dix mille exemplaires en ont été enlevés le premier jour de la
« mise en vente. » (*Opinion, à tant la ligne, de la société Duveyrier et C*, *sur la poésie contemporaine.*)

Autre exemple : — On écrit de Vienne en Autriche : « Nous
« jouissons depuis quelques jours d'une ménagerie qui cause une
« grande sensation dans nos murs. On y remarque surtout un
« singe d'une grâce parfaite et d'une rare intelligence. Ce joli
« petit animal fait les délices de toutes nos belles dames. Les
« princes et les princesses de la famille impériale l'honorent cha-
« que jour de leur auguste présence. » (*Réclame de badauderie,
empruntée aux feuilles allemandes, pour remplir celles de
Paris.*)

Et plus loin ; — On écrit de Londres : « La curiosité qui s'était
« attachée l'année dernière aux représentations de Mlle Rachel,
« ne s'est pas soutenue cette année. La célèbre tragédienne vient
« de faire un déplorable fiasco. La cour n'a pas paru à une seule de
« ses représentations. Cet échec doit être attribué en grande par-
« tie à la présence du général Tom Pouce, dont la vogue va tou-
« jours croissant. La reine et le prince Albert l'ont encore visité
« hier. Sa Majesté a paru prendre un vif plaisir aux gentillesses
« de cette petite merveille, dont Mlle Rachel ne saurait soutenir
« la fâcheuse concurrence. » (*Opinion envoyée par l'envie, de
Paris à Londres, pour revenir, avec plus d'effet, de Londres à
Paris.*)

Autre exemple: — « Le prétendu opéra nouveau, si long-temps
« promis par M. Léon Pillet, vient enfin d'être représenté à l'A-
« cadémie royale de musique. Le *Robert Bruce* de Rossini est bien
« décidément un pasticho, ainsi que son auteur l'avait avoué lui-
« même. — Chaque morceau est un chef-d'œuvre, ce qui produit
« un ensemble détestable. — Les décors sont splendides et les danses
« ravissantes. Personne ne viendra voir un pareil spectacle. — Quant
« aux artistes, Mlle Nau chante à ravir ; Anconi dit très-bien
« son air ; Bettini a une voix superbe qui n'a besoin que d'être
« mieux réglée ; Barroilhet a fait de son rôle un des meilleurs de

« son répertoire ; Mme Stoltz dit admirablement les parties pas-
« sionnées du sien ; l'orchestre est parfait, et les chœurs sont
« excellents. Tout cela produit une exécution complétement exé-
« crable, qui, certes, ne contribuera pas à faire valoir la magni-
« fique horreur que vient de nous donner l'Opéra. Ce n'était vrai-
« ment pas la peine que l'illustre auteur de tant de chefs-d'œuvre
« fît un instant violence à l'impardonnable paresse qui a toujours
« été son principal défaut ; mais sans doute il a voulu se moquer
« du public, comme c'est l'habitude de cet incorrigible sceptique.
« Puisse cet échec le tirer enfin de son apathie, et nous valoir un
« second *Guillaume Tell*, qui ne manquera pas d'obtenir un cer-
« tain succès d'acteur, quinze ans ou vingt ans après sa pre-
« mière représentation ! » (*Résumé de critique indépendante et
éclairée.*)

Et plus loin : — « La semaine a été fertile en productions mu-
« sicales dignes du plus grand intérêt. On vient de mettre en vente
« une nouvelle romance de la belle et charmante Lodoïska Pa-
« nouille. Rien de plus frais, de plus gracieux, de plus ravissant
« que cette composition, qui fait les délices de tous les salons. —
« Il n'est bruit non plus, dans le monde musical, que des deux
« nouvelles chansonnettes, pleines de verve, d'esprit et d'origina-
« lité, de Jérôme Groslichard, auxquelles la voix si agréable de
« Déjazet et la méthode si pure d'Achard prêtent un charme si
« piquant (1). — Les *Girandoles*, tel est le titre d'un nouveau
« recueil de quadrilles, de valses, de polkas et de mazurkas,
« composé par M. Trouillawinski, dont tout le monde apprécie
« l'immense talent, et à qui les dilettantes sont déjà redevables de
« tant d'autres productions distinguées. — Les *Girandoles* sont
« maintenant sur tous les pianos. — Enfin, *la Damnation de
« Faust*, ce chef-d'œuvre d'Hector Berlioz, vient d'être exécutée
« avec un succès fabuleux ! On a remarqué surtout une chanson
« pleine d'originalité, d'élégance et de poésie, où se trouve ra-
« contée l'histoire pathétique d'un pauvre rat que ses ennemis

(1) Il y a une partie du public à qui on a fini par persuader que Déjazet et Achard sont des chanteurs de premier ordre, comme si ces deux artistes n'avaient pas assez de leurs excellentes qualités de comédiens.

« finissent par empoisonner et par rôtir. Nous ne saurions dé-
« crire l'effet foudroyant de cette œuvre incomparable! C'est ce
« morceau si pittoresque, qu'à son dernier voyage en Allemagne,
« l'illustre compositeur a écrit, en passant, sur le comptoir d'un
« épicier de Vienne. Courage, Berlioz! gloire à toi! Le gouverne-
« ment te protège! la presse t'exalte! la foule ne te comprend
« pas, mais elle t'admire! Ne te laisse point rebuter par tant
« d'obstacles : continue de prouver que la fermeté, l'opiniâtreté,
« la volonté et la ténacité sont au premier rang des qualités mu-
« sicales. — On annonce qu'un banquet apothéosiaque doit être
« offert à l'illustre compositeur, par son illustre ami M. Offenbach.
« En attendant, une pièce de vers vient de lui être frappée par
« un autre de ses illustres amis, M. Antony Deschamps, un de nos
« plus grands poètes, qui a des chants pour tous les triomphes de
« la musique fantastique, comme Casimir Delavigne en avait pour
« toutes les calamités publiques. Nous ne pouvons résister au
« plaisir de nous associer, en la reproduisant ici, aux sentiments
« d'admiration exprimés par l'illustre poète, dans cette improvi-
« sation qu'il aurait dû écrire, lui aussi, au sortir de la séance,
« sur le comptoir d'un épicier

« Je me disais, *rentrant par une nuit profonde*,
Maître, vous êtes grand, *aussi grand que le monde!*
Rubens et Téniers, et leurs divins *pinceaux*,
N'ont jamais *enfanté de spectacles* plus beaux!
Où donc *avez-vous pris ces torrents* d'harmonie
Que répand devant vous votre puissant génie?
On dirait, en voyant se dérouler ces flots,
Les écluses du ciel versant *les grandes eaux*
Dont *parle à haute voix, sur sa noble figure,*
L'antique majesté de la sainte Écriture. »

« Quant à cela, c'est de la réclame par camaraderie. C'est très-
honnête, mais infiniment puéril.

Autre exemple... Mais il suffit de ces échantillons. Les vers seuls
sont textuels; les autres spécimens sont de simples imitations, de
simples *pastiches*, mais nous semblent résumer assez exactement
les monstrueuses disparates présentées chaque matin par la presque totalité de la presse. Il serait temps, nous le disons dans la
sincérité de notre conscience, il serait temps de renoncer à ces

extravagances complaisantes ou intéressées, qui, par leur partialité naturelle pour les choses médiocres, ainsi que par leur hostilité ou leur indifférence pour les choses de haute valeur, empêchent et discréditent de plus en plus la véritable critique, déroutent le bon sens du lecteur, faussent l'opinion publique, pervertissent le goût et découragent les hommes de talent, sans servir, bien long-temps, en définitive, les hommes qui n'en ont pas. Dans notre société, que le doute a ravagée en tous les sens, une seule croyance était restée debout parmi les ruines : c'était l'adoration du bon, l'horreur du mauvais, le culte du génie. Le dix-huitième siècle nous avait transmis intacte cette dernière croyance, lui qui en a tant détruit! Gardons-la sauve, du moins; gardons-la tout entière, et que l'avenir ne dise pas dédaigneusement de notre époque, que nous n'avons pas même eu foi en l'art. Au milieu de l'atonie religieuse, philosophique, politique et morale, où nous sommes tombés, la religion du beau, il faut bien le confesser, est le seul sentiment honnête et digne qui puisse encore nous élever au-dessus des simples quadrupèdes.

Nous avons été frappé, à chacune des représentations de *Robert Bruce*, des funestes effets que nous signalons plus haut. La foule s'y presse, comme attirée par un charme secret qu'elle subit sans s'en rendre compte. A l'exception de deux ou trois loges toujours vides, dont les locataires trouvent sans doute de haut goût de protester contre un chef-d'œuvre par leur absence, la vaste salle de l'Opéra est comble chaque fois. Mais l'attitude des spectateurs est vraiment curieuse à observer. Le public est là, ouvrant de grands yeux devant les magnificences de la mise en scène, dressant l'oreille aux innombrables merveilles de la partition, mais inquiet, incertain, étudiant le voisin, n'applaudissant que de loin en loin le chant, les décors et la danse, lorsqu'il croit pouvoir admirer sans trop se compromettre; hésitant, en un mot, entre son impression présente et l'opinion contraire qu'il a *contractée* dans quelques journaux.

Nous n'avons pas l'intention d'analyser ici les beautés de *Robert Bruce*. L'espace nous manquerait. Il faudrait un volume pour les signaler toutes. Ce qu'il y a d'incontestable, c'est qu'elles n'ont de comparaison possible que dans les autres chefs-d'œuvre de Rossini lui-même. Il ne faut chercher leur équivalent nulle autre part. La presse les a louées unanimement, et cela se conçoit : une admiration de trente années les avait consacrées ; il fallait bien s'y résigner. Les seules parties de l'ouvrage qui aient été exceptées de cette admiration plus routinière que raisonnée sont naturellement : — l'ouverture, si pleine de fougue et d'originalité ; — l'air chanté par Mlle Nau au premier acte, d'une mélodie si charmante et si neuve ; — l'allegro presque entièrement nouveau qui termine le trio du second acte, chef-d'œuvre égal, ou peu s'en faut, au trio de *Guillaume Tell* ; — le chœur de fête qui commence le troisième acte, et dont la facture est si brillante et si verveuse ; — et enfin la plupart des récitatifs, d'une ampleur de style et d'une vérité d'expression dont Rossini seul a le secret. Toutes ces parties étant inconnues, la critique les a nécessairement trouvées mauvaises ; et s'est dédommagée, à leur égard, de la tolérance forcée que la tradition lui imposait pour le reste. Cela montre avec quel respect, avec quelle reconnaissance serait accueillie une partition entièrement nouvelle de Rossini, s'il pouvait jamais être assez malavisé pour céder aux provocations que cette même critique ne cesse de lui adresser à ce sujet. Quoi qu'il en soit, à ces exceptions près, dans cette nouvelle édition, revue, corrigée et considérablement augmentée, de *la Donna del Lago* qui en forme la base et qui a fourni le ton général du tableau, on n'a donc généralement blâmé que deux choses : le système de l'ouvrage et l'exécution.

Quant à l'exécution, — nous l'avons dit, et nous le répétons ici, parce que le préjugé contraire s'est établi justement sur l'effet de la première représentation, — elle s'est améliorée sans cesse, et maintenant elle est excellente dans beaucoup de parties, et passable dans presque tout le reste. Barroilhet dit son rôle de *Robert Bruce* avec un mélange de verve guerrière et de mélancolie qu'on ne saurait trop louer. Nous ne l'avons vu meilleur dans aucun autre rôle. Mme Stoltz apporte dans le sien un mélange de qualités analogues. Elle en dit les parties dramatiques avec une énergie, une passion, une fougue, dont elle seule est capable ; et les parties douces et tristes, avec une grâce et une tendresse ineffables. Mlle Nau chante avec un peu trop de nonchalance, mais avec infiniment de charme, ses jolis couplets du premier acte. Les chœurs et l'orchestre sont irréprochables. Enfin, Bettini lui-même a fait de notables progrès. Sa voix est encore trop éclatante dans certains passages, mais il en dit certains autres avec une vigueur d'expression qu'on ne remarque pas assez. Dorénavant, je ne manquerai jamais d'aller à l'Opéra, à l'heure où il s'écrie, avec tant d'élan chevaleresque : *Sire, la barque est prête!... partez!* J'ai réglé ma montre pour ce moment-là (1).

Quant au système de l'ouvrage, c'est là une question de théorie qui mérite également qu'on y revienne, puisque l'attitude incertaine du public prouve évidemment qu'elle n'est encore résolue qu'à moitié. Ce qui le préoccupe visiblement, c'est que, pour les trois quarts, *Robert Bruce* n'est pas de la musique nouvelle, de la musique toute neuve, qui n'ait jamais servi. Grâce au trouble que certains dénigrements ont jeté dans les esprits, cet ouvrage a donné naissance à un ridicule tout spécial : celui des ignorants qui affectent des allures d'érudits. Nous avons entendu plusieurs fois à l'orchestre des conversations de ce genre :

— « Comment trouvez-vous cela ? c'est beau, n'est-ce pas ?

— « Oui, ce n'est point trop mal, mais c'est connu.

— « Est-ce que vous connaissiez *la Donna del Lago*?

— « Non.

— « Et *Zelmire*?

— « Pas davantage.

— « Et le portefeuille inédit du compositeur?

— « Encore moins.

— « Eh bien ! alors, peu vous importe que d'autres les con-

---

(1) Hier dimanche, 11 avril, nous avons assisté à la vingtième représentation de *Robert Bruce*. La salle était comble. Le nouveau chef-d'œuvre de Rossini a été applaudi avec enthousiasme par ce public du dimanche dont les impressions ne sont pas toujours très-éclairées, mais du moins sont toujours très-franches. D'interminables applaudissements ont salué Mme Stoltz dans plusieurs scènes de l'ouvrage. Elle a été rappelée avec Barroilhet, au milieu d'une pluie de bouquets. Nous avons été étonné nous-même du degré de perfection auquel, de progrès en progrès, est arrivée l'exécution générale. Nous ne craignons pas d'être contredit par un seul des spectateurs d'hier, en affirmant que jamais les principaux rôles et les ensembles d'aucune autre partition n'ont été rendus d'une manière plus voisine de l'excellence.

naissent. Ces autres-là ne sont peut-être pas au nombre de dix dans la salle.

— « C'est égal, c'est connu : les journaux l'ont dit.

— « Mais, au pis-aller, qui vous empêche de supposer que vous assistez à une seconde audition de *Robert Bruce?* Vous avez entendu au moins une fois les *Huguenots?* Cela vous empêcherait-il de les entendre une deuxième fois?

— « Non ; mais c'est égal, au lieu de nous servir du réchauffé, du traduit, de l'arrangé, l'Opéra aurait dû nous donner du neuf, *le Camp de Silésie,* par exemple.

— « D'abord, l'un n'empêche pas l'autre. Et puis, *le Camp de Silésie* est connu aussi, au même titre que *Robert Bruce,* puisqu'il a été représenté et édité ; et comme Meyerbeer a travaillé en allemand pour le roi de Prusse, il eût fallu traduire l'ouvrage en français, l'arranger pour notre scène, le compléter, l'augmenter, le réchauffer enfin selon le goût des Parisiens. Vous voyez bien que c'eût été le pendant de *Robert Bruce.*

— « C'est égal ; on eût mieux fait : mon journal l'a dit.

— « Votre journal vous a-t-il dit aussi ce que, toute question de nouveauté mise à part, vous devez penser de la musique de *Robert Bruce?*

— « Oui, il paraît que c'est charmant en détail, mais que c'est fort laid en masse. C'est du *pastiche.* Ce n'est point ainsi qu'ont travaillé les compositeurs *sérieux* : Gluck, Boïeldieu, Hérold, Félicien David, Boisselot, Halévy, Donizetti, Meyerbeer, Berlioz, Loïsa Puget...

— « Permettez. Gluck a arrangé pour la scène française plusieurs de ses partitions italiennes. Boïeldieu a composé son *Jean de Paris* avec la musique du *Télémaque* qu'il avait écrit en Russie. Hérold s'est servi, dans le *Pré aux Clercs,* de plusieurs fragments d'un ouvrage qui n'avait pas eu de succès. Boisselot a employé, dans *Ne touchez pas à la Reine,* une douzaine de motifs qu'il avait destinés à une autre partition. Halévy, Donizetti et Meyerbeer ne se sont jamais fait scrupule, et ils ont eu raison, de puiser dans leurs portefeuilles pour enrichir leurs œuvres nouvelles. Félicien David a fait plus : il a intercalé plusieurs airs arabes dans son *Désert,* en compagnie d'anciens morceaux de sa composition, publiés et connus depuis longtemps. Cela n'a point empêché, que je sache, le succès de son ouvrage. Enfin, M. Berlioz, l'arrangeur du *Freyschütz*, l'orchestreur de la valse qu'on y admire, et l'auteur des récitatifs qu'on y déplore.

— « Oh ! celui-là, du moins, ne fait jamais rien que d'original. Ce qu'il compose ne ressemble absolument à rien, et s'il existe de l'inouï quelque part, c'est certainement chez lui ! Aussi, avait-il le droit de flétrir la présente *agglomération d'éléments hétérogènes*, dans son article des *Débats* du 3 janvier dernier. « Rossini seul, « dit-il, de tous les compositeurs vivants, est assez avancé dans le « *dédain de ses propres œuvres* pour les laisser gaspiller et compiler comme on vient de le faire pour *Robert Bruce*... Il se- « rait le premier à dire, s'il voulait un instant parler *sérieuse-* « *ment*, qu'une pièce... qu'on a appliquée à des morceaux de « musique composés quinze, vingt et trente ans auparavant, pour « cinq ou six opéras différents..... *ne peut décemment prétendre* « *à porter le nom d'opéra, et moins encore à la considération due* « *aux œuvres sérieuses*. » Que dites-vous de ce jugement ?

— « Je dis que la chanson du *Rat* et celle de *la Puce* sont sans doute des œuvres bien autrement *sérieuses* que *Robert Bruce*, qui n'est qu'une *plaisanterie*. C'est convenu. Je dis que certes M. Berlioz ne peut pas être accusé, comme Rossini, d'être *assez avancé dans le dédain de ses propres œuvres* : cela viendra peut-être, car le temps forme le goût à la longue ; mais j'ajoute, en attendant, qu'il a fait, pour sa *Damnation de Faust*, exactement la même chose que Rossini pour *Robert Bruce*. *La Damnation de Faust* n'était pas un ouvrage entièrement nouveau lorsqu'on l'a exécutée dernièrement. Il y a une vingtaine d'années que M. Berlioz a publié, et dédié à M. de la Rochefoucauld, des morceaux qui portaient le titre de *Faust*. C'était sa *première œuvre*. On y admirait déjà *la Puce* et *le Rat*.

— « C'est possible, mais du moins ce n'était pas connu.

— « Quant à cela, je l'avoue. Or, M. Berlioz a repris ses vieux morceaux, y compris *la Puce* et *le Rat* ; il les a sans doute refondus, retouchés, flanqués de plusieurs autres, ornés d'un air hongrois qui n'est pas de lui, et qui produit un charmant effet ; et il a composé ainsi, selon ses admirateurs, une œuvre prodigieuse d'unité, d'homogénéité, de vérité, de spontanéité; en un mot, une œuvre éminemment *sérieuse*, qui est fort amusante. Si M. Antony Deschamps est curieux de savoir, comme il le demande, où M. Berlioz a *pris ses torrents d'harmonie*, je suis enchanté d'avoir pu lui fournir ce renseignement. Et remarquez que ce n'est point un reproche que j'adresse à M. Berlioz. Je constate simplement un fait. M. Castil-Blaze, qui connaît toute la musique existante, comme s'il l'avait inventée, — ce qui n'est pas, — M. Castil-Blaze vous dira que les plus grandes œuvres ont dû à des opérations de ce genre tout ou partie de leurs beautés. Et non-seulement en musique, mais en peinture, en sculpture, en architecture, en littérature. Le peintre et le sculpteur se gênent-ils pour composer un chef-d'œuvre avec le bras d'un modèle, la tête d'un autre, le torse de celui-ci, la jambe de celui-là? L'architecte n'a-t-il pas imaginé l'ordre composite? Le romancier n'a-t-il pas écrit *Gil Blas*, ce pastiche espagnol que beaucoup de gens regardent comme un chef-d'œuvre français? Et le poète tragique? Que fait-il la plupart du temps? *Britannicus* n'est-il pas un pastiche de Tacite? *Athalie* n'est-elle pas un pastiche des livres saints? *Le Cid*, *Othello*, *Roméo et Juliette*, etc., ne sont-ils pas des imitations, des reproductions, des pastiches? Et Molière, l'immortel Molière? Que faisait-il donc lorsqu'il empruntait son sujet, son plan, ses détails, tout, excepté son génie, aux Grecs, aux Latins, aux Espagnols, aux anciens, aux modernes, à ses contemporains, et à lui-même? lorsque, *prenant son bien partout où il le trouvait*, il introduisait dans ses nouveaux ouvrages, non-seulement des scènes appartenant à ses pièces antérieures, composées aussi quinze et vingt ans auparavant, comme Rossini s'est borné à le faire pour *Robert Bruce*, mais encore des scènes appartenant très-légitimement à autrui, ce que Rossini n'a pas fait, que je sache. Molière pastichait donc? Et Racine? et Corneille? et Shakspeare? Hélas, oui! et à ce point de vue, je vous le dis en vérité : pastiche des pastiches, tout n'est que pastiche en ce bas monde! Mais qu'importe le procédé? c'est le résultat seul qu'il faut juger. Or, ce résultat tient uniquement au génie qui féconde, à l'intelligence qui assemble, au bon goût qui assortit. Je sais bien que M. Stéphen Heller refuse ces qualités à Rossini, mais on ne peut contenter tout le monde et l'auteur de *la Truite*. Ce qu'il y a d'incontesté, c'est que le miel de l'abeille n'est pas un pastiche moins savoureux en son genre, pour avoir été butiné dans le calice de mille fleurs diverses. Quant à moi, j'avoue mon insatiable avidité pour ce miel musical si délicat, si parfumé, si suave, si délicieux, qu'on appelle *Robert Bruce*.

— « S'il faut vous dire le fond de ma pensée, je le goûte fort aussi; mais je n'avoue que tout bas un appétit si dépravé. Car enfin, c'est là du connu, de l'archi-connu, et l'administration de l'Opéra est bien criminelle d'en avoir souillé son répertoire.

— « Qu'elle avait déjà souillé du *Freyschütz*, n'est-ce pas ? et d'*Othello* et de *Lucie*, et de tant d'autres souillures non moins connues ? Laissons là pour aujourd'hui l'administration de l'Opéra. Si vous voulez bien le permettre, je vous prouverai, à notre prochaine rencontre, qu'elle a rendu un estimable service à l'art, en augmentant sa galerie d'un chef-d'œuvre de plus. L'Opéra est une sorte de Musée qui doit recueillir tout ce qui se chante de bon dans le monde entier. L'Opéra doit être le Louvre de la musique. Mais revenons à *Robert Bruce*. Dans quelle autre partition, si ce n'est parmi celles de son incomparable auteur, trouverez-vous des beautés aussi nombreuses, aussi éclatantes et mieux assorties dans leur diversité même ? Quelle verve, quelle vitalité, quelle finesse, quelle grâce et quelle fécondité de mélodie ! Quelle richesse, quelle élégance, quelle variété d'instrumentation ! Quelle vigueur, quelle vérité, et cependant quel charme incessant d'expression ! Comme toutes ces voix chantent bien dans votre âme ! Comme cet orchestre coule abondamment, selon la métaphore de M. Antoni Deschamps : tantôt murmurant et calme, tantôt impétueux et fier ; tantôt doux et tranquille ruisseau, tantôt fougueux et bruyant torrent ; mais toujours clair, toujours limpide ; soutenant la mélodie, la berçant, l'entraînant, mais ne l'engloutissant jamais ! Comme l'oreille entend tout, jusqu'au fond de ces flots purs ! Je ne sais à quelle source Rossini a *pris* cette *harmonie-là*, mais, à coup sûr, ce n'est pas à celle où l'auteur de *la Damnation de Faust* a l'habitude de *prendre* la sienne. Il est juste d'ajouter, pour l'excuse de Rossini, que, n'étant pas *aussi grand que le monde*, il ne saurait puiser, comme M. Berlioz, et comme les parapluies, *aux écluses mêmes du ciel*.

— « Soit ! mais vous aurez beau dire, je m'en réfère au journal de M. Berlioz : *Robert Bruce* n'est qu'un ouvrage connu. »

— « Oui certes, et qui le sera chaque jour davantage. Quant à cela, j'avoue son infériorité. La musique de ses détracteurs aura toujours sur la sienne un avantage incontestable : celui de n'être pas connue du tout. »

Telle est la substance de la plupart des conversations de voisin à voisin, pendant les entr'actes de *Robert Bruce*. Mais enfin le bon sens l'emporte peu à peu. Nous en sommes déjà au succès de curiosité : celui d'admiration ne saurait tarder. Quant au succès de vogue, il a toujours été incompatible avec les œuvres de génie. C'est le partage assuré des œuvres infimes. Voilà pourquoi, en ce temps de réclames surtout, la plus utile des supériorités, c'est d'être un homme ou une chose médiocre.

Louis DESNOYERS.

— FEUILLETON DU SIÈCLE, DU 14 FÉVRIER 1847. —

REVUE MUSICALE.

IV.

Du dénigrement en matière d'arts et de littérature, vulgairement appelé *éreintement*; — Des diverses accusations adressées au directeur actuel de l'Opéra par les hommes impartiaux qui veulent sa place; — Du coup de chapeau et de la risette dans leurs rapports avec le bonheur et la fixité des ténors légers; — De la question de savoir si Mme Stoltz a réellement étranglé Mlle Nau, à la première représentation de *Robert Bruce*; — Et enfin d'une nouvelle profession peu louable, mais peu lucrative, à l'usage des fainéants.

Dans un siècle où Napoléon a été traité de poltron, de mauvais capitaine, d'assassin, d'incestueux, de vampire, d'ogre, de crétin, et même de marquis, tous ceux qui ne sont pas précisément des Napoléon, et j'en connais un certain nombre, doivent s'étonner médiocrement des infiniment petites injures dont les poursuivent d'infiniment petites passions, dans l'infiniment petit monde où le sort les a placés. Lutter, lutter encore, lutter toujours! telle est la loi de ce monde, surtout à cette époque d'égoïsme effréné, d'impudente concurrence et de divagation sans frein.

Dans la vie privée, l'estime générale n'est presque jamais que le prix d'un combat.

Dans la vie publique, la gloire n'est presque jamais qu'une réhabilitation.

Il faut toujours passer par l'historiette avant d'arriver à l'histoire.

Le Ségur, en toutes choses, précède inévitablement le Thiers.

Cette vérité, qui fut de tous les temps, est encore bien plus vraie du nôtre, où la publicité peut fournir à tout le monde tant de facilités pour dénigrer tout le monde. C'est au point que la langue littéraire a dû s'enrichir d'une foule de locutions techniques, et notamment des mots *démolir*, *aplatir*, *enfoncer*, *assommer*, *échi-*

ner, éreinter, etc. Le besoin de ces gracieux vocables se faisait vivement sentir dans les bureaux de certaines feuilles, dans les foyers de théâtres, et dans les estaminets esthétiques, pour exprimer le parti-pris, l'obstination et le cœur-joie avec lesquels le premier fou venu s'amuse parfois à déblatérer contre les choses ou les personnes les plus considérables. Les langues sont filles de la nécessité.

Maintenant, dans un certain monde, lorsqu'il s'agit de tels ou tels hommes, — les plus distingués, bien entendu, — on ne juge plus, on n'apprécie plus. — Ce sont là des façons *vieillardes*. (Encore un bien utile néologisme !)— Non : quand on ne loue pas les gens de sa bande, outre mesure et sans vergogne, on *assomme*, ou *aplatit*, on *enfonce*, on *démolit*, on *éreinte* et l'on *échine*.

(*Nota*. Prononcez *échignier*, ce qui est bien plus élégant.)

Dans notre précédente *Revue* nous avons cité quelques modèles de *réclame*. Permettez-nous de vous offrir dans celle-ci quelques spécimens d'*éreintement*. La leçon de critique sera complète. Nous les empruntons à ce monde à part qui, faute de mieux, s'est intitulé la *jeune* littérature. Car il y a maintenant une *jeune* littérature, comme il y a une *jeune* opposition, un *jeune* parti conservateur, une *jeune* pairie, une *jeune* peinture, une *jeune* musique, un *jeune* catholicisme, un *jeune* commerce, une *jeune* confiserie sans doute, etc. Cette manie de *jeunesse* a tout envahi. Toutes les carrières ont maintenant leurs *titis*. Le mot *jeune* est devenu l'épithète par excellence, même en critique, en industrie et en législation, où l'expérience de la maturité paraît être cependant la qualité première. Mais d'ailleurs cette expression n'implique aucune question d'âge. Il y a de très-*vieux* barbons au milieu de toutes ces *jeunesses*-là, de même qu'il y a de très-*jeunes* gens parmi les *vieux* de l'autre espèce. On est vieux, non point par la date de sa naissance, mais par la date seule de son pouvoir, de son influence, de son crédit, de sa réputation. On est *jeune* au contraire, même avec des cheveux blancs, par cela seul qu'on n'a ni rang, ni position, ni renommée. En un mot, on est *vieux* par le talent, on est *jeune* par l'impuissance, et nous avons, en politique, en littérature, en musique, etc., une foule de gens qui jouiront ainsi d'une éternelle *jeunesse*.

Donc, deux *jeunes* mandarins, de quinze à soixante ans, se rencontrent près de Bobino :

— « Tiens, c'est toi, Grenouillet? D'où diable viens-tu avec cette figure de tragédie sifflée?

— « Je viens de lire à ce stupide théâtre un vaudeville qu'on a eu la bêtise de refuser. Il n'y a plus moyen de travailler pour la scène ! Le *vieillard* accapare tout !

— « Imite-moi, mon cher, *mets-toi* dans la critique ; si on n'a pas l'avantage de faire, on a du moins le plaisir de *démolir* ceux qui font. C'est facile autant qu'agréable. Je cours justement à *la Schlague littéraire*, tu sais? ce nouveau recueil consacré exclusivement aux intérêts de l'art, qui paraîtra peut-être demain. On a vu des choses plus impossibles ! J'y porte l'article que je viens d'écrire contre les nouveaux romans de Sue, de Balzac et de Dumas. C'est *ficelé*, tu verras ! *Ereintement* complet ! Comprends-tu que le polisson de libraire ait refusé les exemplaires d'usage, sous prétexte que le futur recueil n'existe pas encore ? C'est humiliant pour la presse ! Et puis, toujours Dumas ! toujours Balzac ! toujours Sue ! c'est monotone ! c'est bœuf aux choux ! c'est orgue de Barbarie ! Il est temps qu'on fasse place à la jeunesse ! Chacun son tour ! L'éditeur du dernier roman de Féval a bien raison : A bas les vieux ! Tout bien réfléchi, les vieux sont *sciants*, sont *tannants*, sont *embêtants !*

— « A qui le dis-tu ! Mais pendant que tu seras en train, n'oublie pas d'*abîmer* aussi le théâtre. Qu'est-ce que cela te fait ? *abîme-le*.

— « Comment donc !... mais avec plaisir... Entre amis...

— « Du reste, à charge de revanche. Si tu as quelqu'un à *échiner*, tout à toi : ne te gêne pas.

— « Ce n'est pas de refus. Sans adieu, Grenouillet.

— « Au revoir, Trifouillard. »

Deux autres aristarques, non moins enfantins, se rencontrent à l'*estaminet des Arts réunis*.

— « Bravo, Perruchot ! Je viens de lire, dans *le Scorpion*, ton article sur le *Petit-Lazary* : c'est fièrement *tapé !*

— « N'est-ce pas, Baudruche, que je *détériore* proprement les gens !

— « C'est un vrai tour de force, mon cher ! car cette petite Paméla est une charmante actrice.

— « Entre nous, oui ; mais c'est bégueule en diable ! J'en sais quelque chose. Il faut apprendre à ces *drôlesses*-là à respecter la presse ! »

Deux autres Quintiliens, également précoces, se rencontrent à l'orchestre des Funambules :

— « *Salutem Grelucheto* ! Je me prosterne à tes sacrés genoux ! Je te proclame l'empereur de toutes les critiques ! Je te dresse plusieurs statues, avec ou sans sous-pieds de marbre, à ton choix ! Je te fonde des temples ! Je t'élève sur une foule de pavois ! et je t'offre mon estime et une demi-tasse ! J'ai dîné ce soir chez Broggi : on y a parlé, entre le stracchino et la pastafrolla, de ton article du *Vrai Impartial* sur *Robert Bruce*. En voilà un d'*aplatissement* !... Si celui-là s'en relève !... Mais je ne te connaissais pas cette spécialité-là. Tu sais donc la musique ?

— « La musique ? Qu'est-ce que c'est que ça, la musique ?... Connais pas ! Est-ce qu'on a besoin de connaître les choses dont on parle ? Le goût naturel suffit. On prétend même que c'est nuisible, parce que ça influence.

— « C'est donc décidément très-mauvais, *Robert Bruce* ?

— « Cette chose-là ?... Du tout ! c'est très-pastiche, voilà, mais c'est très-beau. Seulement tu vas comprendre : — le Léon Pillet n'a pas voulu engager dans les chœurs la maîtresse de l'ami Califourchon, sous le prétexte fallacieux qu'elle n'a pas le plus mince filet de voix, ce qui est parfaitement vrai. Et puis, il a ajourné les entrées du *Vrai Impartial* jusqu'au moment où le journal aura authentiquement huit abonnés. Et puis, il a rejeté le sujet d'un poème que lui proposait l'ami Galidou. Et puis, il a mis à la porte la partition fantastique que daignait lui offrir notre mélodieux ami Tartininkiskoff. Et puis, il a refusé la place de chef d'orchestre, de sous-chef et même de sous-sous-chef, à notre ami Laribeaudet. Est-ce qu'un théâtre peut marcher ainsi ! C'est manquer essentiellement d'égards envers la presse ! Enfin, il refuse sa propre place de directeur à notre ami Lafouraille, qui en a grande envie. On n'est pas plus malhabile ! Si jamais pièce a mérité d'être *exterminée*, *aplatie*, *démolie*, *enfoncée*, *éreintée*, *échignée*, c'est donc cet exécrable chef-d'œuvre qu'ils ont appelé *Robert Bruce*, je ne sais trop pourquoi, mais qui, dans tous les cas, ne vaut pas le *diable* (1). Aussi, tu vois comme j'ai *soigné ça !* »

(*Nota.* Ce dernier mot étant pris ici dans le sens ironique, se prononce avec une accentuation légèrement infernale.)

Nous n'avons pas besoin de le dire, ceux des journaux de grand, de petit ou de moyen format, que le public respecte justement, parce qu'ils lui donnent l'exemple du respect d'eux-mêmes, — ces journaux-là, et ils sont les plus nombreux, puisent assurément leurs opinions dans des mobiles plus nobles, plus dé-

---

(1) Cet ingénieux calembour a été publié ces jours-ci par un grave journal consacré à la musique *sérieuse*. Cela nous rappelle qu'à l'époque où parurent *la Foi, l'Espérance et la Charité* de MONSIEUR Rossini, Berlioz publia aussi, contre ces trois beaux chœurs, trois calembours de sa composition. C'est tout ce que l'auteur de la *Puce* et du *Rat* avait trouvé d'inspiration dans ces trois chefs-d'œuvre de grâce, d'onction et d'élégance. Nous ne pouvons résister au plaisir d'extraire ces trois facéties du grand *pastiche* d'opinions diverses que nous avons recueillies, et qui nous fournira, dans l'occasion, des révélations de plus en plus curieuses. Voici les trois calembours, ou plutôt le calembour infiniment trop prolongé de Berlioz : « ..... *La Foi* ne transportera pas des « montagnes ; — *l'Espérance* nous a *bercé* doucement ; » (Doucement est sans doute ici pour soporifiquement) ; — « quant à *la Charité* que MON-« SIEUR Rossini vient de nous faire, il faut convenir qu'elle n'a pas dû ame-« ner une grande perturbation dans le mouvement de ses *richesses* musicales, « et que son *aumône* ne le *ruinera* pas. » (*Journal des Débats* du 6 décembre 1844.)

Comme on le voit, le calembour, dont les Funambules mêmes ne veulent plus, s'est réfugié dans la critique *sérieuse*. Il est donc probable que si, quelque jour, écrivant lui-même, de lui-même, sur lui-même, et pour lui-même, comme il le fait assez souvent dans les *Débats* et ailleurs, M. Berlioz vient à parler du prodigieux effet qu'a pas produit sa *Damnation de Faust*, il dira, avec non moins d'esprit et de goût, « qu'il a *mis* agréablement *la puce à l'oreille* de ses auditeurs, lesquels ont trouvé ce morceau fort *léger* et très-*piquant*, et l'ont *écrasé* d'applaudissements frénétiques. Quant à son *rat*, il dira pareillement qu'il n'a pas provoqué les *souris* de l'assemblée : non, c'est le *chat !* » — Entre autres découvertes instrumentales, M. Berlioz a inventé ainsi un heureux instrument de rhétorique, qu'on peut appeler le calembour à jet continu.

sintéressés. Et cependant, tel est l'aveuglement des préjugés, telle est l'injustice des habitudes, tel est l'entraînement des passions, qu'il est rare, bien rare, convenons-en, que le temps n'ait pas à réformer, en tout ou en partie, la plupart des jugements dont ils se font, consciencieusement, ou l'organe ou l'écho dans la nouveauté des choses. Pour notre part, cette conviction de la faillibilité de la critique, — dont fournissent la preuve tant d'exemples fameux dans l'histoire des arts, — cette conviction nous a toujours rendu très-réservé dans la louange, très-circonspect dans le blâme. Elle nous a inspiré surtout une sympathie instinctive pour les choses et les gens les plus véhémentement vilipendés, lorsque, bien entendu, on se borne contre eux à de vagues et impossibles accusations. Les attaques sont d'autant plus vives, en général, qu'elles sont plus iniques, et elles sont d'autant plus iniques qu'elles sont plus intéressées. On est donc rarement trompé dans son instinct, en prenant ainsi le rebours des opinions extrêmes. Tout bien examiné, nous sommes fort tenté de trouver une confirmation de cette règle dans l'administration de l'Académie royale de musique, à laquelle cette question des renommées fâcheuses nous amène, il faut bien le dire, par une transition naturelle.

Depuis plusieurs années, nous entendions raconter sur l'Opéra les choses les plus extraordinaires : — « Le sceptre était tombé en quenouille ; — Mme Stoltz exilait d'immenses talents, d'illustres inconnus ; — elle ne pouvait pas même tolérer qu'un chanteur, qu'un danseur, qu'un machiniste fût applaudi à côté d'elle; — Mme Stoltz était envieuse de tout succès jusqu'à jalouser peut-être les clarinettes, les contre-basses et les trombones de l'orchestre ; — le directeur subissait évangéliquement ses lubies ; — on effaçait tous les autres rôles pour faire ressortir les siens ; — elle avait exigé sans doute que Mario fût mauvais acteur, que Levasseur nasillât, que Marié chantât faux, que Mme Dorus ne chantât que juste, bien juste, et c'était pour lui être agréable, qu'en vil flatteur, Duprez s'était décidé un beau jour à perdre les plus belles notes de sa voix ; — quant aux poètes et aux compositeurs, elle les avait tous éloignés par ses exigences : Scribe refusait de livrer le moindre hémistiche ; Rossini dormait plus profondément que jamais ; Berlioz ne voulait plus faire dormir personne ; Halévy avait imité le public, après *le Lazzarone* : il avait juré, bien qu'un peu tard, qu'on ne l'y prendrait plus ; Auber ne faisait plus que le muet ; Meyerbeer avait résolu de passer le restant de sa vie à monter ses anciens chefs-d'œuvre, n'importe où, pourvu que ce fût quelque part, depuis Berlin jusqu'à Brives-la-Gaillarde, depuis Vienne jusqu'à Carcassonne, plutôt que d'en composer de nouveaux ; — enfin Donizetti étant le plus ardent au travail, elle avait soufflé sur cette belle intelligence, hélas ! et l'avait éteinte ! — C'était elle pareillement qui s'était plu à accumuler dans l'existence de Gardoni les amertumes intolérables qui avaient causé son départ. Comme elle savait Gardoni et son père très-sensibles à la civilité puérile et honnête, elle avait défendu à M. Pillet de sourire au fils, quand ce dernier avait chanté dramatiquement, ce qui n'arrivait jamais, et aussi de saluer le père quand il le recevait en visite, ce qui arrivait encore moins. Or, s'il faut en croire ces deux intéressantes victimes de l'impolitesse, le jeune ténor et son père, qui mettaient bien au-dessus de leurs 20,000 fr. d'appointements les ricanements et les coups de chapeau de leur directeur, n'avaient pu s'accoutumer à une existence que Mme Stoltz leur faisait si vide de salutations et de risettes, et ils étaient allés chercher ailleurs les gracieusetés d'un visage plus indépendant et d'un castor plus jovial (1). Enfin, Mme Stoltz avait tenté d'étrangler Mlle Nau à la première représentation de *Robert Bruce*. Dans trois ans, ajoutait-on, l'Opéra sera changé en grenier à fourrage. »

Si ce n'est pas là le texte des accusations, c'en est au moins le sens. Leur nombre et leur nature, peu d'accord avec les faits patents du répertoire, avaient bien commencé à nous inspirer quelque défiance ; nous nous rappelions déjà cet axiome si sage : « On

---

(1) Ce reproche de n'avoir pas salué Gardoni a paru si ingénieusement trouvé, qu'on l'a renouvelé naguère en ce qui concerne Duprez. Au dire de plusieurs journaux, l'infortuné ténor serait privé depuis deux ans des coups de chapeau de son directeur ; de telle sorte que des trois choses qui constituent la rétribution des artistes de notre temps, comme elles constituaient celle des apothicaires du temps de Molière : *Salus, honos et argentum*, Duprez n'aurait plus que les deux dernières. (Voir la sixième *Revue musicale*.)

« dit trop de mal de ces gens-là, pour qu'il n'y ait pas quelque
« bien à penser d'eux ; » mais peu nous importait en définitive.
Il fallait une circonstance majeure pour nous forcer à un examen
plus attentif. Cette circonstance fut l'apparition de *Robert Bruce*.
Nous connaissions depuis long-temps les véritables causes de l'éloignement de Rossini. Ces causes, assez scandaleuses, soit dit en
parenthèse, n'appartiennent pas au temps présent. Nous aurons
peut-être sujet de les divulguer quelque jour. Le souvenir
d'anciens rapports avec les intéressés nous a seul empêché de le
faire jusqu'à ce moment. Nous nous bornons à dire, en attendant,
que le retour du pensionnaire frustré de l'ancienne liste civile
n'avait rien qui pût nous surprendre sous la direction actuelle.
Mais estimant comme très-méritoire pour elle d'avoir obtenu de
l'auteur de la *Donna del Lago* qu'il refondît, complétât et embellît encore cet admirable ouvrage, nous fûmes singulièrement
étonné de voir tourner à crime le service même qu'elle venait de
rendre à l'art. Le parti-pris d'*éreinter* la pièce se manifesta dèslors avec une hâte des plus étranges. Plusieurs critiques déclarèrent d'avance qu'elle serait détestable. L'un d'eux, quelque Trifouillard sans doute, fit feu avant commandement : il rendit
compte, le jeudi, de la première représentation qui n'eut lieu que
le mercredi suivant ; et il signala, dans l'ouverture, un ridicule
effet de trombonne qui n'a jamais existé. On sait, en outre, les incidents fâcheux de cette représentation. Si la faiblesse de l'exécution, la peur, un excusable défaut de patience, les maladies, les
rhumes, si dangereux à l'Opéra depuis que l'usage de la pâte Regnault s'y est affaibli ; que sais-je encore ? si tout cela peut revendiquer une bonne part de ces incidents, la malveillance peut justement s'accuser du reste. Certes, nous sommes trop jaloux de la
franchise de nos opinions pour ne pas l'honorer chez les autres.
Nous sommes heureux de connaître personnellement de très-spirituels et très-honnêtes critiques, qui blâment *Robert Bruce* avec
autant de sincérité qu'on blâmait jadis *le Barbier*, *Guillaume
Tell*, *le Comte Ory*, etc., et dont le blâme sera sans doute tout aussi
efficace que l'a été celui de leurs devanciers. Rien de plus loyal.
Nous comprenons, nous aimons même ces divergences de goûts
et de systèmes. Où serait le plaisir, bon Dieu, si chacun ici-bas

pensait et sentait comme chacun ! L'un des grands bienfaits de la vie, c'est la discussion. *Et tradidit mundum disputationibus eorum*, dit avec raison l'Écriture. Aussi le monde, en ce temps de liberté surtout, n'est-il guère qu'une vaste Babel où, pour parler la *jeune* langue, le verbe *éreinter* se conjugue perpétuellement dans tous ses modes : j'*éreinte*, tu *éreintes*, il *éreinte*, nous *éreintons*, vous *éreintez*, ils *éreintent*, J'*éreintais*, etc. C'est à peu près la seule manière qui nous reste de pratiquer les axiomes de l'Évangile. Nous sommes donc heureusement bien éloignés encore du jour néfaste où l'ennui, assure-t-on, doit naître de l'uniformité.

Mais à côté des blâmes consciencieux et respectables, il s'est manifesté çà et là contre *Robert Bruce* un système de dénigrement qu'il était de notre devoir de combattre, dans l'intérêt de la vérité. Sans contredit, il n'est pas une seule direction qui n'ait fait représenter quelque méchant ouvrage. Personne n'est exempt d'une erreur, d'une faute, d'un *Benvenuto* quelconque. Eh bien ! nous demandons si aucun de ces inévitables *Cellini* a été maltraité par quelques-uns avec autant d'acharnement que le nouveau chef-d'œuvre de Rossini. C'est que la vie ou la mort d'aucune de ces médiocrités défuntes n'importait sérieusement aux ambitions qui rôdent cette fois autour de l'Opéra. *Robert Bruce* fournissait le prétexte ; mais c'était l'administration qu'en réalité elles voulaient *assommer* sur le dos de la partition. Cela est si vrai, que, le lendemain de la première représentation, on répandait le faux bruit de la destitution du directeur, et qu'en ce moment, chose étrange après le succès toujours croissant de *Robert Bruce*, la question de savoir si le privilège doit être renouvelé plus tard dans les mains du titulaire est pendante devant la commission des théâtres royaux. Ce serait accuser un général devant un conseil de guerre, le lendemain d'une éclatante victoire, si le vainqueur lui-même n'eût pris ici l'initiative, et n'eût réclamé hautement l'examen de sa conduite, pour en finir une bonne fois avec l'erreur ou la calomnie.

Nous avons lu avec la plus scrupuleuse attention le mémoire présenté par M. Pillet à la Commission. Ce travail est écrit avec un talent qui rappelle le rang distingué que l'auteur a long-temps occupé dans la presse ; et avec cette modération ferme et digne qui est toujours l'indice du bon droit. On y trouve des détails comparatifs, fort curieux, sur l'administration actuelle et les précédentes ; des renseignements utiles sur l'état présent de l'art musical en France, en Italie et en Allemagne ; des observations très-judicieuses sur la funeste influence des partitions en cinq actes, relativement à la durée des voix ; sur l'insuffisance de la subvention, sur les réformes à faire, sur les améliorations à tenter pour empêcher la décadence de l'Opéra. Ce sont là des questions qui intéressent l'art au plus haut point, et qui méritent à ce titre d'être examinées à part. Enfin, on y trouve, et c'est à cette partie que nous nous bornerons aujourd'hui, la réfutation péremptoire des diverses incriminations que nous avons résumées plus haut.

Non, par exemple, il n'est point vrai que, pour ménager les susceptibilités ombrageuses de la prima donna, la direction ait jamais refusé le concours d'aucun artiste de talent : — elle a engagé ou fait débuter Carlotta Grisi, Petipa, Fuoco, Barroilhet, Gardoni, Portheaut, Alizard, Anconi, Bettini, Bordas, Mme Rossi-Caccia ; — elle a retenu aussi long-temps que possible Levasseur et Mme Dorus ; — elle a conservé Mme Stoltz, Mlle Nau et Duprez ; — elle a essayé sans succès durable, mais avec un louable empressement, Mlle Heinefetter, Mlle Loève, Mlle Méquillet, Poultier, Delahaye, Mathieu, Lajet, etc. ; — elle a admis à se faire connaître toutes les jeunes artistes que lui adressait le Conservatoire ou la province : Mlle Julian, Mlle Roulier, Mlle Morel, Mlle Drouart, Mlle Flamant, Mlle Montdutaigny, Mlle Julienne, Mlle d'Halbert, Mlle Préty, etc. ; — elle a engagé successivement Mme Beausire, Mlle Dameron et Mlle Moisson, comme ayant été les plus favorablement accueillies par le public ; — enfin, elle a tenté d'appeler à elle tous les chanteurs de quelque renom qui lui étaient signalés dans n'importe quel pays : Mme Viardot en Prusse, Fraschini en Italie, Jenny Lind en Autriche, etc. Ces artistes éminents ont refusé jusqu'à ce jour, mais pour des motifs qui leur sont tout-à-fait personnels (1).

---

(1) On dit que depuis la démission de Mme Stoltz, de nouvelles tentatives ont été faites sans plus de succès par la direction auprès de Mme Viardot et de Mlle Jenny

Non, il n'est point vrai que, dans son déplaisir d'être chutée injustement, Mme Stoltz ait voulu étrangler Mlle Nau à la première représentation de *Robert Bruce* ; elle a voulu au contraire la préserver du coup fort dangereux dont la barre du rideau d'avant-scène la menaçait en s'abaissant. La salle presque entière pourrait le certifier. Je sais bien que ce fait, quoiqu'il soit faux, ou peut-être parce qu'il est faux, est désormais acquis à la postérité ; — je sais bien qu'il y a des gens qui ne reviennent jamais sur une première bêtise : ceux-là mourront avec la conviction profonde que Mme Stoltz a voulu étrangler Mlle Nau ; — je sais bien que la *Biographie* future *des musiciens* enchérira encore sur la version primitive, et présentera l'intention comme un fait accompli ; — je sais bien que les Fétis de l'avenir écriront ceci à la lettre S : — « STOLTZ (*Rosine*), mezzo soprano qui florissait au « dix-neuvième siècle, à l'Opéra de Paris. C'est elle qui a créé le « rôle de *la Favorite*, et qui a étranglé, dans *Robert Bruce*, une « de ses camarades. (*Voyez l'article* NAU.) » — Et à la lettre N : — « NAU, soprano fort agréable de l'Opéra de Paris, au dix-neu- « vième siècle. C'est elle qui fut étranglée, dans *Robert Bruce*, « par une de ses camarades. (*Voyez l'article* STOLTZ) ; — enfin je sais bien que cette lamentable histoire de la strangulation de Mlle Nau par Mme Stoltz est destinée à fournir un jour le texte d'une infinité de drames et de romans ; — mais que nous importe ce que croiront nos descendants ? Nous aurons, nous, le bonheur de ne pas lire l'histoire de ce temps-ci ; c'est pardieu bien assez d'avoir à la faire !

Non, il n'est point vrai que Mme Stoltz ait accaparé tout le répertoire ; elle ne joue guère que *la Favorite*, *la Reine de Chypre*,

---

Lind. Mme Viardot a des engagements avec Vienne et Berlin qui nous priveront long-temps encore de son admirable talent. Quant à Jenny Lind, il paraît évident qu'elle n'ose compromettre dans la vaste salle de l'Opéra la réputation qu'on lui a faite, et à laquelle les anecdotiers de l'Allemagne n'ont pas moins contribué que son talent véritable. Le goût musical des Anglais lui fait moins peur que le nôtre. Cela fait-il notre éloge, ou le sien, ou le leur ? Nous ne savons, mais ce qui est certain, c'est qu'il y a quatre ans, Meyerbeer lui-même s'exprimait ainsi sur Jenny Lind : « C'est une voix qu'on dit jolie, mais trop faible pour le Grand-Opéra ; je veux voir si j'en pourrai tirer parti à Berlin. »

Charles VI, Othello et *Robert Bruce*; elle s'est même déjà laissé doubler dans ce dernier opéra, et elle a abandonné depuis long-temps à d'autres chanteuses *les Huguenots*; *Don Juan*; *Stradella*; *le Freyschütz*; *Dom Sébastien*, etc. Enfin, Mlle Nau, Mlle Roissy et Mme Rossi-Caccia sont en possession de ces divers ouvrages, ainsi que de *Robert-le-Diable*, de *Guillaume Tell*, de *Moïse*, du *Comte Ory*, des *Huguenots*, de *Guido*, de *la Juive*, d'*Estrella*, de *Lucie*, etc.

Non, il n'est pas vrai que Mme Stoltz soit un obstacle à aucune amélioration dans le personnel chantant. Après comme avant *Robert Bruce*, elle a offert au ministre et au directeur, de se retirer immédiatement, ou d'attendre qu'elle fût remplacée (1). Citerait-on beaucoup d'artistes qui pousseraient la complaisance et l'abnégation aussi loin? Mme Stoltz n'est point parfaite, elle le sait très-bien elle-même; mais ce qu'elle sait également, c'est qu'elle possède assez de qualités éminentes, rares, presque introuvables (l'expression dramatique surtout), pour être regrettée amèrement, huit jours après sa retraite, par ses plus ardents détracteurs.

Non, il n'est pas vrai que Mme Stoltz ait jamais empêché le directeur de saluer Gardoni père, ni de sourire à Gardoni fils. On suppose que leur départ peut s'expliquer assez naturellement par ce fait, qu'ils gagneront à Londres, non-seulement trois fois plus de risettes et de coups de chapeau, mais aussi trois fois plus d'argent qu'à Paris.

Non, il n'est point vrai que Scribe, Aubert, Adam, Halévy, Verdi, Rossini, Meyerbeer et Berlioz aient jamais été éloignés de l'Opéra par les ridicules exigences de Mme Stoltz. Scribe s'était chargé d'écrire le poème de *Robert Bruce*. L'état seul de sa santé l'a forcé de laisser cette noble tâche à deux de ses jeunes confrères les plus capables de le suppléer; — Adam est en répétition; — Auber travaille à son dernier grand ouvrage; — Halévy se prépare; — Verdi tiendra sa promesse aussitôt que ses engagements avec l'Italie le laisseront libre; — Rossini vient de répa-

---

(1) Depuis que nous avons écrit ces lignes, Mme Stoltz a exécuté son projet, ou plutôt sa menace. (Voir la dernière de ces *Revues musicales*.)

raître ; — Berlioz, qui ne touche encore que les droits d'auteur du *Freyschütz* de Weber, ne demanderait pas mieux sans doute que d'être mis en position d'en toucher pour quelque nouveau *Cellini* de sa propre composition, à supposer que les *Cellini* puissent jamais en produire ; — enfin, quant à l'auteur des *Huguenots* et de *Robert-le-Diable*, voici l'état des choses : Meyerbeer, qui a l'excessive modestie de ne pas s'en fier pour son succès au charme seul de ses ouvrages, Meyerbeer veut être aidé, autant que possible, par les chanteurs, par les décorateurs, par les machinistes, par la presse, par tout le monde et par son ami M. Gouin. Il lui faut un soprano comme il n'en existe pas pour *l'Africaine*, et un ténor comme il n'en existe plus pour *le Prophète*. Il paraît même qu'il n'en existera jamais de ce genre, car voilà quatre ans que M. Pillet, M. Gouin et lui en cherchent vainement sur toute la surface du globe. En attendant, il s'est décidé, et nous nous en félicitons, à écrire un troisième ouvrage pour la troupe actuelle, et non-seulement Mme Stoltz ne l'épouvante pas, mais il a stipulé positivement qu'elle seule chantera le principal personnage, avec défense de se faire doubler pendant les quarante premières représentations, et de créer un autre rôle pendant les six mois suivants.

Nous le répétons, ce sont là des faits incontestables et qui ne manqueront pas de frapper la Commission comme ils nous ont frappé nous-même. Il faudrait désespérer du bon sens et de l'équité des hommes et même des commissaires royaux, s'il en était autrement. Le matériel de l'Opéra est dans un état splendide ; le corps de ballet n'a de rival permanent nulle part ; l'orchestre est excellent ; les chœurs, sans être parfaits, sont meilleurs qu'à aucune autre époque ; le personnel seul de la troupe chantante, quoique déjà supérieur en masse au personnel des théâtres lyriques de toutes les autres capitales (les théâtres italiens de Paris et de Londres exceptés) est susceptible de recevoir encore d'importantes améliorations. Mais personne, plus que le directeur actuel, n'est capable de les réaliser, aussitôt qu'elles seront devenues praticables ; car personne ne saurait le surpasser en zèle, en dévoûment et en intelligence, non plus qu'en désintéressement, qualité assez rare chez les spéculateurs, et en bienveillance pour les jeunes artistes, qualité bien plus rare encore chez les Mécènes.

C'est à tous ces titres, et particulièrement aux deux derniers, que nous désirons vivement la prolongation de son privilège. En opinant ainsi auprès du ministre, la Commission nous délivrera d'ailleurs d'un ridicule de circonstance, qui menace de passer à l'état d'épidémie. Nous voulons parler de cette multitude de candidats à la direction de l'Opéra, que le souvenir de la prospérité de M. Véron, d'une part, et l'incertitude des projets ministériels, de l'autre, ont jetée sur le pavé de Paris. Nous ne confondons pas, dans cette tourbe de solliciteurs vulgaires, quelques concurrents sérieux qui se recommandent par leur position, leurs antécédents, leur capacité plus ou moins éprouvée, et dont nous aurons à examiner les prétentions et les projets. Mais à côté de ces ambitions naturelles, qui n'ont qu'un tort, celui d'être une traduction trop littérale du fameux axiome : « Ôte-toi de là, que je m'y mette ! » on ne saurait imaginer combien de folles avidités cherchent à se faufiler en ce moment à l'Académie royale !

Lorsqu'on ne sait plus que faire, lorsqu'on est ruiné, destitué, incapable de quoi que ce soit, au lieu de se jeter à l'eau, comme auparavant, ou de se faire marchand de contremarques, ouvreur de fiacres ou ramasseur de bouts de cigares, on embrasse la profession d'aspirant à la direction de l'Opéra. Cette candidature est devenue une carrière, une position sociale, une dernière ressource ; on calme sans doute ses créanciers avec des offres d'entrées personnelles, on octroie d'avance la fourniture des chaussons à son bottier, une place d'ouvreuse à sa femme de ménage, et l'emploi de prima donna à la fille de sa portière ; on se laisse payer le cervelas, le cigare et le petit verre par quelque claqueur présomptif, et l'on séduit sa blanchisseuse par un brillant avenir de coupons de loges.

On ne compterait pas moins peut-être de cinq cents candidats de ce genre, se promenant chaque jour, avec toute la dignité de leur fonction, sur le boulevard des Italiens et dans le passage de l'Opéra. Les directeurs des petits théâtres de province, les propriétaires de ménageries, les saltimbanques, les acrobates, les avaleurs de sabre et les montreurs de lapins savans, commencent à s'en mêler eux-mêmes. Les messageries nous en amèneront incessamment de toutes les foires de la France. Vous rencontrerez bientôt un compatriote de Carpentras ou de Quimper-Corentin, au chapeau crasseux, au paletot râpé, au pantalon trop court et aux bottes éculées ; vous lui demanderez ce qu'il vient faire à Paris, et il vous répondra : — « Je suis appelé par le ministre pour prendre la direction de l'Opéra ; j'ai hésité d'abord, mais enfin j'ai accepté dans l'intérêt de l'établissement ; il le fallait ! il le fallait ! »

Et tout cela se trémousse, pérore sur l'art et se pose en régénérateur ; tout cela *abîme la Stoltz, échine le Pillet, éreinte le Robert Bruce;* tout cela intrigue, tout cela sollicite l'héritage des vivants avec une voracité naïve, une candeur de gloutonnerie, que les naturalistes n'avaient guère remarquées jusqu'à ce jour que chez les loups. Notre époque de perfectionnement pouvait seule en offrir l'exemple chez les bipèdes.

Louis DESNOYERS.

FEUILLETON DU SIÈCLE, DU 28 FÉVRIER 1847.

REVUE MUSICALE.

V.

Considérations sur le but de l'Académie royale de Musique ; — Résumé de son histoire administrative depuis 1825 jusqu'en 1847 ; — M. Lubbert, M. Véron, M. Duponchel et M. Pillet ; — De la haute capacité de l'un, de l'habile prospérité de l'autre, de l'insuffisance heureuse de celui-ci, et du goût vraiment artistique de celui-là ; — Cause secrète du silence de Rossini ; — Examen du plan conçu par M. Duponchel pour la splendeur de l'Opéra, et notamment de son projet de le fermer une partie de l'année ; — Un mot aussi sur M. Crosnier, postulant n° 494, et sur quelques-uns des autres candidats à la direction, y compris le directeur actuel.

L'Opéra et le Théâtre-Français ont une si grande importance dans l'ensemble de notre civilisation, que la presse ne saurait veiller avec trop de soin sur leurs destinées. Ces deux théâtres sont la véritable gloire dramatique de la France. Les autres ne sont que leur dégénérescence, leur charge ou leur caricature, comme esprit, comme grâce, comme luxe, comme sentiment et comme expression. Ce n'est donc jamais sans une vive appréhension que nous les voyons menacés dans leur prospérité. Les intérêts du Théâtre-Français ont été défendus récemment, dans le feuilleton de ce journal, contre la pensée où, sous prétexte de leur venir en aide, le ministère paraissait être de les abandonner à la spéculation, comme si la spéculation pouvait jamais enrichir autre chose qu'elle-même. Une commission a été chargée d'examiner la question. Une seconde commission sera sans doute nommée plus tard pour examiner ce qu'aura examiné la première ; puis une troisième, pour surveiller la seconde ; puis une quatrième, pour contrôler la troisième ; puis une cinquième, etc. On parlera beaucoup, *au sein de toutes ces commissions*, du fameux décret de Moscou, et l'on se dissoudra sans avoir rien décidé. Le provisoire sera ainsi maintenu éternellement, comme tout ce qui est provisoire en France, où le définitif seul est éphémère. Mais cette utilité négative est déjà très-précieuse en pareil cas. Le véritable avantage des commissions consiste en général, non pas à employer leur temps, mais à laisser se perdre celui des autres; non pas à faire, mais à empêcher qu'on ne défasse.

L'Académie royale de Musique a réclamé à son tour l'attention de tous ceux qui s'intéressent sérieusement à son existence. Nous sommes de ce nombre, car, nous le répétons, elle contribue efficacement, avec le Théâtre-Français, à assurer la supériorité artistique de Paris sur toutes les capitales. Les autres nations n'ont rien de comparable, ni pour la pompe de la mise en scène, ni pour la richesse des décors, ni pour la féerie des danses, ni surtout, — ce qui vaut mieux encore, — pour la variété, l'excellence et la stabilité du répertoire. L'Espagne, la Russie et l'Angleterre n'ont réellement pas d'opéra national. L'Allemagne ne possède qu'un très-petit nombre d'ouvrages consacrés, et la gravité si vantée de son goût ne l'empêche pas de donner la préférence à nos plus frivoles opéras-comiques. Cette anomalie serait assez étrange et mériterait l'examen sérieux des naturalistes, si déjà le pays qui a produit Mozart, Haydn, Weber et Beethoven, n'avait produit aussi M. Stephen Heller, auteur de variations sur *la Truite*. Les climats ont leurs bizarreries, la géographie a ses antithèses; et la Providence est renommée pour ses impénétrables décrets. Enfin, l'Italie elle-même, l'inépuisable Italie, qui ne cesse de fournir au dilettantisme universel tant de grands compositeurs et de chanteurs d'élite, l'Italie n'a pas de répertoire à elle; l'Italie n'a pas une seule scène qui garde religieusement ses chefs-d'œuvre, et les préserve, autant que possible, des stupides fantaisies de la mode. La multiplicité de ses théâtres est très-favorable à la production des nouveautés, mais elle est essentiellement funeste à la conservation des anciens ouvrages. Les écoles s'y succèdent incessamment, les compositeurs s'entre-détrônent sans relâche, la vogue se promène ingratement de tel à tel, par cet unique motif que celui-ci n'est plus celui-là; le dernier venu est toujours sûr d'être le bien venu; l'inentendu seul est un titre à l'admiration qui l'emporte sur tous les autres ; en résumé, les Italiens ont en musique la même inconstance de goût que les Français en matière de chapeaux et de pantalons. A bas Bellini! vive Mercadante! A bas Donizetti! vive Verdi! Et ainsi de suite. Rossini lui-même, cet immortel honneur de sa patrie, n'est plus pour elle qu'un personnage fabuleux, un être mythologique, comme Amphion, comme Orphée. Si quelques-uns de ses compatriotes se souviennent de ses œuvres, en-deçà comme au-delà des Alpes, ce n'est plus guère que pour les dénigrer. Mieux vaut encore l'oubli du plus grand nombre.

L'Académie royale de musique est ainsi le seul théâtre perpétuel dont l'encyclopédique répertoire renferme à la fois, pour ne parler que du temps présent : — *la Muette, le Philtre, la Juive, le Comte Ory, Guillaume Tell, Moïse, le Siége de Corinthe, Othello, Robert Bruce, le Freyschütz, Don Juan, la Vestale, Fernand Cortez, la Favorite, Lucie, les Huguenots, Robert-le-Diable*, etc., les chefs-d'œuvre, en un mot, de tous les genres et de toutes les écoles. C'est par cet avantage incontestable qu'elle l'emporte sur toutes les scènes rivales. Sa splendeur ne saurait donc être indifférente à notre orgueil national, et son existence intéresse au plus haut point l'avenir de l'art, comme son répertoire en résume le glorieux passé. Voilà pourquoi, négligeant d'abord, ou plutôt ajournant toute autre question relative à cette spécialité, nous avons cru devoir lui consacrer les premiers articles de notre *Revue musicale*. La médecine doit toujours courir au plus malade.

Les positions les plus enviées en ce monde, où ce n'est pas l'envie qui manque, ce sont, à coup sûr, celles des directeurs de théâtres. On a souvent une peine extrême à se procurer des ambassadeurs, des préfets, des gardes champêtres. On a vu, pendant des semaines entières, les portefeuilles passer de mains en mains, jusqu'aux plus vilains. Que le trône même vienne à vaquer : il n'est pas certain qu'on trouve d'emblée quelque Décius pour s'y précipiter. Mais que les Funambules, que Bobino, que le Petit-Lazary, aient perdu leur monarque : il se présentera des milliers de présomptifs. Cet empressement tient à un préjugé fort enraciné dans la bourgeoisie : on y est profondément convaincu que les directeurs de spectacles sont de véritables sultans Saladin, dont le mouchoir de poche est constamment l'objet des plus séduisantes convoitises. Jugez alors que de vœux ardents doivent particulièrement assiéger l'Opéra! — ce pays de merveilles et d'enchantements, dont le seul nom fait frissonner d'aise....., les gens qui ne l'ont jamais vu! — ce séjour tout peuplé d'odalisques, tout frétillant de nymphes, tout grouillant de sylphides! — cet olympe théâtral dont les coulisses sont sans doute parfumées de rose et de jasmin, comme les ci-devant bosquets d'Amathonte! dont les figurants doivent parler un idiome céleste! dont les machinistes ne boivent probablement que des petits verres de nectar! dont les *rats* ne grignotent que des cervelas d'ambroisie! dont les ouvreuses elles-mêmes ont assurément des manières et des cabas de déesses! C'est-à-dire que M. Pillet doit y être cajolé, fêté, adulé, adoré, comme Mahomet par les houris de son paradis. Voilà pour les imaginations anacréontiques. Quant aux ambitieux, ce qui les tente, c'est l'immense fortune que ne font pas, mais que sont censés faire les directeurs de théâtre. Il y en a neuf qui se ruinent, pour un qui s'enrichit; mais on ne prend nul souci des revers : on n'aperçoit que les succès. La fortune de M. Véron, par exemple, a tourné bien des têtes. Que de gens rêvent de lui, et se voient passer en songe, orientalesquement assis dans un bel équipage! C'est cette luxueuse image qui suscite depuis douze ans tant de compétiteurs à la direction de l'Opéra. Quoi de plus facile, en effet, que d'imiter un si charmant exemple? — «Ah! si j'étais directeur de l'Opéra, » se dit chacun d'eux avec enthousiasme, «je voudrais avoir des ténors... inouïs! — des sopranos..... inimaginables! — des barytons!.. impossibles! — des basses.... inusitées! — des chanteurs... qui n'auraient jamais de rhumes! — des danseuses.... qui n'auraient jamais d'entorses! — des actrices.... qui n'auraient jamais de fantaisies! — Et quels chœurs!.... quel orchestre!... quels ballets!... quels claqueurs!.., quelles partitions surtout!... rien que des chefs-d'œuvre!.... Je voudrais que Rossini se traînât à mes pieds pour me faire accepter un nouveau *Guillaume Tell*!..... Je voudrais que Meyerbeer me payât pour faire jouer son *Prophète* et son *Africaine*; comme on assure qu'il offrit de payer pour faire jouer *Robert-le-Diable*!.... Je voudrais qu'Halévy me couronnât de roses, que Verdi fît mes commissions, et que Balfe cirât mes bottes !..... Aussi quelles recettes monstres !... Ah ! j'oubliais !..... Je voudrais que la population nageât dans l'aisance, afin que le plus mince rentier ne regardât point à une pièce de 60 fr. pour louer mes loges ; je voudrais que l'été ne fût pas trop chaud, et que l'hiver ne fût pas trop froid, car le thermomètre influe notablement sur le sort des théâtres : je m'entendrais à ce sujet avec M. Arago de l'Observatoire, et je lui donnerais ses entrées, à la condition qu'il m'assurât une température toujours modérée ; — enfin, je tâcherais, à l'instar de M. Véron, de faire aussi une petite révolution de juillet ; car, tout bien examiné, c'est M. Véron qui a fait la révolution de juillet, dans la prévision de son futur directorat. Les révolutions emplissent les théâtres, par cela même qu'elles vident les salons. Voilà ce que je ferais. Rien de plus simple. Il suffit d'avoir de l'habileté. Or, qui est-ce qui n'a pas un peu d'habileté maintenant, à l'exception, bien entendu, de M. Léon Pillet, car il en a, mais il ne sait, on ne veut pas se faire passer pour en avoir, ce qui est pis que de n'en pas avoir du tout. L'habileté court les rues, c'est connu ! »

Les rues, c'est possible, mais à pied, bien plus souvent qu'en voiture. Un des plus habiles directeurs de ce dernier quart de siècle, ce fut sans contredit M. Harel, qui dépensa, dit-on, dans l'administration de la Porte-Saint-Martin, pour se ruiner le plus long-temps et au meilleur marché possible, dix fois plus de talent, d'activité, de zèle, d'imagination, d'esprit et d'ingéniosité (pardonnez-nous le mot), qu'aucun de ses successeurs n'en mettra jamais à s'enrichir. Eh bien ! sur la fin de ses jours, l'ex-directeur en était réduit, pour vivre, à courir les steeple-chase de l'Académie, et même à faire des comédies pour l'Odéon !

M. Lubert peut aussi nous servir d'exemple. Quand on compare le personnel et le répertoire de l'Académie royale de ce temps-ci, avec ce qu'ils étaient avant l'avènement de cet administrateur, lequel eut lieu en juillet 1827, ce n'est point exagérer que le proclamer le second fondateur de l'Opéra. M. Lubert, sous la haute surveillance de M. Sosthènes de la Rochefoucauld, et sous la féconde inspiration de Rossini, a véritablement créé le grand opéra moderne. La rénovation fut complète. Partitions, poèmes, ballets, chanteurs, danseurs, mise en scène, décors, tout fut renouvelé comme par enchantement. Ce fut lui qui, gardant précieusement Nourrit et Mme Montessu, leur adjoignit Levasseur, Mme Damoreau et Mlle Taglioni; ce fut lui qui appela Auber, Halévy, Meyerbeer et Rossini; ce fut lui qui fit jouer *la Muette, Moïse, le Comte Ory, Guillaume Tell,* en remplacement du *Rossignol,* de *la Caravane,* du *Devin de Village* et des *Prétendus;* ce fut lui qui commanda *Robert-le-Diable;* enfin ce fut lui qui obtint de Rossini l'obligation d'écrire quatre nouveaux ouvrages pour ce théâtre. Si Rossini n'a pas exécuté ce traité, à qui la faute? Aux habiles gens qui, par une ergoterie légale, et pour délivrer peut-être Meyerbeer d'une inquiétante rivalité, commencèrent par en violer les clauses essentielles. La pension que l'ancienne liste civile avait accordée à Rossini, comme rémunération du passé, lui fut odieusement escamotée, quoique la nouvelle Chambre en eût voté les fonds. Cette injustice et cette ingratitude blessèrent le compositeur, non pas dans son intérêt, mais dans son légitime orgueil. Telle est la véritable cause de son opiniâtre silence. Quand on songe que l'auteur de *Guillaume Tell* était alors dans toute la force de l'âge, dans toute la maturité du talent, on ne peut que s'indigner profondément contre les spoliateurs. Ils ont certainement volé quatre admirables chefs-d'œuvre à la postérité. Ils ont commis ainsi un des plus grands forfaits intellectuels dont on puisse se rendre coupable envers le génie. Que dirait-on des étouffeurs qui auraient dégoûté Raphaël après la Vierge à la chaise? Canova, après la Madeleine? Walter Scott, après *Ivanhoé?* Victor Hugo, après *les Orientales?* Leur génicide ne serait-il pas éternellement voué à l'exécration du monde artiste?

Or, pour revenir à M. Lubert, croyez-vous que le succès ait récompensé tant d'estimables efforts? Pas le moins du monde. La Restauration fut une époque d'opinions systématiques, où tout ce qui tenait à la cour, bon ou mauvais, était en haine à la bourgeoisie. La bourgeoisie dédaignait l'Opéra par esprit d'opposition. Le Comité-directeur se moquait fort de la pruderie de M. de la Rochefoucauld, qui avait fait allonger d'un pouce les jupons des danseuses. Et puis, le vaudeville, cet abominable semeur d'imbéciles préjugés, d'absurdes erreurs et de fausses plaisanteries, avait fini par persuader aux niais, ses disciples naturels, que l'Opéra était un spectacle essentiellement criard et soporifique, où l'on ne savait que hurler, où l'on ne pouvait que bâiller. Cette bêtise était chantée faux sur tous les ponts-neufs possibles. Une seule croyance restait intacte dans l'âme de la population voltairienne de ce temps-là : c'était celle qui consacrait l'admiration du *premier coup d'archet* de l'Opéra. Pourquoi le premier plutôt que le second ou le dernier? On ne l'a jamais su précisément ; mais ce qu'il y a de positif, c'est que la bourgeoisie parisienne, la province et l'étranger y croyaient imperturbablement. On ne vivait pas bien, si l'on n'avait entendu cela ; on mourait mal, si l'on n'en avait joui au moins une fois dans sa vie. On faisait le voyage du premier coup d'archet de l'Opéra, comme les vrais croyants font le voyage de la Mecque. Malheureusement, ce culte de la colophane était plus étrange que productif, et, malgré les fidèles qui y venaient en pèlerinage de tous les coins de l'Europe, le premier coup d'archet de l'Opéra faisait quelquefois des recettes de deux cent cinquante-six francs soixante et quinze centimes. Tant et si mal qu'à la Révolution de juillet l'habile et infortuné directeur fut obligé de quitter son poste. Vous pensez peut-être que la direction des beaux-arts songea par justice, par reconnaissance, par simple convenance même, à lui laisser l'administration d'un théâtre qui lui devait toutes les causes de sa future splendeur? Pas le moins du monde! Est-ce qu'on a jamais le temps de songer à l'équitable! On l'envoya piocher des routes en Égypte, ce qu'il préféra, selon toute apparence, à la rédaction de comédies pour l'Odéon.

M. Lubert avait semé; M. Véron recueillit. La moisson fut abondante. Le préjugé contraire était parti pour Holy-Rood. Le Comité-directeur devint mélomane. Le vaudeville passa à d'autres niaiseries. La bourgeoisie se précipita rue Lepelletier, pour s'emparer des loges de l'aristocratie légitimiste, comme elle s'emparait de ses places ailleurs. La curée devait être complète. C'était en outre le seul asile qui restât ouvert à la haute société, dont les anxiétés de l'époque avaient supprimé les fêtes, les bals, les soirées, les réunions même. L'Opéra devint naturellement l'unique salon de tout le monde. La grande habileté de M. Véron, — ce fut de seconder cette tendance générale, en employant la presse à fixer l'attention publique sur les merveilleux éléments de vogue préparés par son devancier, et qu'il augmenta lui-même ; — la réclame théâtrale fut alors inventée, et on ne l'a guère perfectionnée depuis ; — ce fut de ne pas changer un fétu à l'administration que lui léguait M. Lubert, si ce n'est qu'il diminua les appointements des employés, des choristes et des musiciens de l'orchestre, ce qui amena la retraite de Baillot et de Valentino, mais produisit, la première année, une économie de 140,000 fr.; — ce fut d'utiliser un excellent matériel (d'une valeur de 100,000 fr. environ), une excellente troupe (où figuraient les grands artistes que nous avons nommés plus haut), un excellent répertoire (composé des chefs-d'œuvre mentionnés ci-dessus), et une excellente réserve (où se trouvait *Robert-le-Diable*, qu'il remplaça à son tour par *les Huguenots*, au profit de son successeur).

On a accusé M. Véron de s'être refusé sérieusement à jouer *Robert-le-Diable*. Cette accusation est-elle juste ? Nous n'en savons rien. Mais ce refus, s'il a eu lieu, n'entacherait nullement ni le goût ni l'intelligence de M. Véron. Cette partition, grâce au mélange de beautés et de bizarreries qu'elle renferme, est de celles qui tombent à plat, si elles n'obtiennent un succès de vogue. Il n'y a pas de terme moyen. Or, tout le monde en désespérait, dit-on, et l'on ajoute que les pronostics des connaisseurs qui avaient assisté à la répétition générale, étaient poussés jusqu'au sinistre. Le nom de Meyerbeer n'était pas d'ailleurs, en ce temps-là, une garantie complètement rassurante pour l'inauguration d'une direction nouvelle. Bref, le ministère ayant négligé d'inscrire dans le cahier des charges l'obligation de représenter cette pièce, M. Véron refusa de la jouer sans une indemnité préalable. On lui en accorda une de soixante mille francs, laquelle fut réduite à quarante après le succès si imprévu de l'ouvrage, et il s'engagea, de son côté, à rafraîchir les peintures de la salle. Certes, si un directeur de l'Opéra peut alléguer une preuve de spirituelle habileté, c'est bien de s'être fait indemniser de la représentation d'une œuvre qui devait l'enrichir. Il en est une autre qui ne vaut pas moins cependant : c'est de s'être fait payer trente mille francs d'indemnité par Meyerbeer, comme étant empêché de jouer *les Huguenots* à l'époque convenue, de même qu'il s'en était fait allouer une par le ministère, comme étant forcé de jouer *Robert-le-Diable*. — Enfin, après avoir obtenu, par son propre fait, circonstance plus méritoire aux yeux du public, deux autres succès de vogue, avec Falcon dans *la Juive*, et Taglioni dans *la Sylphide*, M. Véron eut une dernière habileté comme directeur : ce fut de cesser de l'être. L'Opéra ne pouvait tarder, en effet, d'entrer dans cette phase de langueur qui succède inévitablement aux périodes de virilité, pour toutes les choses de ce monde, et plus fatalement pour les théâtres que pour tout le reste. M. Duponchel obtint encore de belles recettes, grâce aux *Huguenots*, que lui avait légués son devancier ; grâce aussi à la présence simultanée de Fanny Elssler et de Taglioni ; et grâce surtout à l'éclatante apparition de Duprez dans *Guillaume Tell*. Mais l'heure de la décroissance sonna bientôt, et, après cinq années mêlées de succès et de revers, il se vit forcé de résigner ses fonctions entre les mains de M. Léon Pillet, attendu, disait l'ordonnance ministérielle de substitution, en date du 25 mai 1840, « *que l'entreprise actuelle de l'Académie royale* « *de Musique est dans un état peu satisfaisant et qui excite des* « *craintes sur l'avenir de cet établissement.* »

Nous n'avons donc pas été médiocrement surpris de voir figurer M. Duponchel parmi les innombrables prétendants qui, sous prétexte que l'Opéra actuel est dans un *état peu satisfaisant*, s'offrent généreusement à remplacer le remplaçant qui l'a remplacé.

Nous considérons sincèrement M. Duponchel comme homme et comme artiste, mais sa candidature a quelque chose d'inintelligible pour notre faible entendement. Il y a là-dedans un logogriphe inextricable. Cela revient à dire : « Je vous ai cédé l'Opéra « parce qu'il était *dans un état peu satisfaisant*; le ministre l'a « dit, et l'on sait que les ministres disent toujours la vérité ; or, « je viens vous le redemander aujourd'hui, parce que je le trouve « à mon tour *dans un état peu satisfaisant*; » — ou bien encore : « J'ai quitté l'Opéra parce qu'on avait *des craintes sur son* « *avenir*, et je viens le reprendre parce que *son avenir* continue « *d'exciter des craintes*; » — ou bien encore : « On m'avait livré

« l'Opéra dans un *état très-satisfaisant*, et je l'ai laissé choir *dans*
« *un état* qui l'était *peu*; donc, à présent que cet état de choses est
« encore bien moins *satisfaisant* selon moi, je suis le plus ca-
« pable de remettre le théâtre dans un état qui le soit beaucoup; »
— ou bien encore : « J'ai laissé agoniser l'Opéra quand il était
« plein de vie; donc, maintenant qu'il est tout-à-fait mort, je suis
« naturellement apte à le ressusciter; » — ou bien encore.....
Mais OEdipe seul pourrait s'en tirer. C'est à donner des vertiges à
de simples mortels comme nous.

Et notez bien que la sincérité des inquiétudes de M. Duponchel
ne peut être douteuse. M. Duponchel n'est certes pas homme à
dire : « J'ai quitté l'Opéra parce qu'il était *dans un état peu satisfaisant*; mais aujourd'hui que mon successeur a réparé, à force
de persévérance, de travail et de pertes, les ruineuses conséquences
de *cet état peu satisfaisant*, je serais bien aise de recueillir le
fruit de ses sacrifices. Cette réintégration, du moins, ne serait pas
pour moi chose *peu satisfaisante*. » Non, mille fois non, la délicatesse de M. Duponchel répugnerait à un tel langage. Il n'y a de
nos jours que des fils et des cousins de banquiers qui prêtent des
emplacements, laissent bâtir dessus, et confisquent ensuite les
constructions aux dépens des entrepreneurs qu'ils font mettre en
faillite. Cette façon d'agir est trop légale pour un loyal artiste
comme M. Duponchel.

Donc, M. Duponchel croit sérieusement que l'Opéra est en danger, ainsi qu'il le dit, et, regrettant sans doute d'en avoir abandonné la défense lorsqu'elle lui était confiée, il s'empresse de la
réclamer, maintenant qu'elle est remise à un autre. Continuation
du pataquiès.

Quelles sont, du reste, les excellentes idées qui ont pu venir à
M. Duponchel, pour la direction de l'Opéra, depuis qu'il a cessé
d'en être directeur? Se présente-t-il avec une armée de ténors, de
sopranos et de basses célèbres, dont lui seul ait entendu parler
jusqu'à présent? Non. M. Léon Pillet peut pratiquer, tout aussi
bien qu'un autre, ce triple recrutement, d'ailleurs fort désirable.
Les innombrables essais qu'il a tentés et qu'il tente encore sont la
preuve irrécusable de sa bonne volonté.

M. Duponchel a-t-il en portefeuille d'admirables partitions que lui seul possède? Hélas ! non, à moins que ce ne soit une nouvelle partition de l'auteur de *la Puce* et du *Rat*. — M. Pillet, de son côté, a en perspective un opéra d'Auber, un opéra d'Halévy, trois opéras de Meyerbeer, et il vient de donner *Robert Bruce*, espèce de pastiche qui, sans valoir assurément un second *Benvenuto Cellini*, ne laisse pourtant pas d'avoir son petit mérite.

C'est donc ailleurs qu'il faut chercher les améliorations imaginées par M. Duponchel, pour la gloire de sa future direction, depuis qu'il n'est plus directeur, mais qu'il veut le redevenir :

1° La subvention annuelle payée par le budget à M. Léon Pillet est de six cent vingt mille francs, comme du temps de M. Duponchel. Or, M. Duponchel offre, dit-on, de réduire ce chiffre à cinq cent vingt mille francs. Cela revient à dire : « L'Opéra se ruine et se ruinait avec six cent mille francs; faites-moi la générosité de l'enrichir de cent mille francs de moins, et sa fortune est désormais assurée. » Continuation du pataquès.

Ce qu'il y a d'évident, c'est que la subvention actuelle est bien plutôt insuffisante qu'exagérée. La preuve en est simple. La subvention de M. Véron s'est élevée, la première année de sa direction, à huit cent dix mille francs ; la seconde, à sept cent cinquante mille; la troisième, à sept cent vingt mille; et la quatrième, à six cent quatre-vingt mille. Eh bien ! déduisez la différence qui existe entre ce total et celui que fourniraient quatre années de subvention à cinq cent vingt mille francs (chiffre auquel se bornerait M. Duponchel); et, malgré le succès de *Robert-le-Diable*, de *la Juive* et de *la Sylphide*, malgré la vogue éphémère que des circonstances tout exceptionnelles avaient procurée à l'Opéra, de 1831 à 1835, M. Véron, au lieu de se retirer avec une fortune aussi brillante que légitime, aura perdu près de deux cent mille francs en quatre ans.

A titre de compensation sans doute, M. Duponchel, ajoute-t-on, demande l'autorisation de fermer l'Opéra pendant deux mois d'été, toujours pour en assurer plus complètement la splendeur. — D'abord, c'est éteindre un flambeau pour en augmenter l'éclat. — Ensuite, les appointements de la troupe, de l'orchestre et des employés, devant nécessairement rester les mêmes, c'est faire une petite économie de gardes municipaux, de gaz, de bouts de chandelles, d'affiches et de pompiers, pendant deux mois, pour perdre une somme beaucoup plus considérable, résultant des recettes, si minimes qu'on les suppose, pendant ces deux mêmes mois. — Enfin, et c'est ici la question la plus grave, nous regardons le mot de fermeture comme synonyme d'anéantissement. La condition première de la supériorité de l'Opéra français sur toutes les autres scènes du monde, nous l'avons dit, c'est la permanence. Le jour où vous lui permettrez de fermer ses portes, pendant deux mois de l'année, aux voyageurs de la province et de l'étranger, ce jour-là vous aurez porté, d'une part, un notable dommage au commerce de Paris, en détruisant un des principaux attraits qui les y attirent pendant la belle saison; et, d'autre part, vous aurez dépouillé l'Opéra de son prestige, vous l'aurez abaissé au rang des spectacles accidentels, vous en aurez fait un théâtre nomade, comme ceux de Londres et de Brives-la-Gaillarde. Ce ne sera point un monument, ce sera une baraque foraine de plus. En vérité, maintenez la subvention, augmentez-la même : l'Opéra rapporte indirectement à l'État cent fois plus qu'il ne lui coûte directement. La France, d'ailleurs, est encore assez riche, grâce à Dieu, pour n'avoir pas besoin de liarder l'avantage unique de posséder en ce genre le premier théâtre de l'univers.

On ne dit pas si, au nombre des améliorations que sept années de méditation lui ont inspirées, M. Duponchel se propose aussi de confier la direction de l'orchestre à M. Berlioz, qui l'ambitionne ardemment. C'est seulement vraisemblable. Nous ne doutons pas de l'heureuse influence que l'intronisation instrumentale de l'auteur de *la Puce* et du *Rat* exercerait sur la splendeur de l'Opéra. Il ne manquerait plus alors, pour dissiper nos dernières *craintes sur son avenir*, et placer le présent *dans un état satisfaisant*, que d'ajouter à toutes ces causes de gloire une partition de l'auteur de *la Truite*. Mais à tout prendre, ces améliorations pourraient être réalisées par M. Léon Pillet, aussi bien que par celui auquel il a succédé. Nous n'y voyons donc pas de motif suffisant pour remplacer celui-ci par celui-là, et pour faire de l'un le successeur de son successeur.

On cite également le nom de M. Crosnier au calendrier des candidats à l'Opéra, dont le nombre exigera bientôt un annuaire spécial, dans le genre du Dictionnaire des vingt-cinq mille adresses. Avis à M. Bottin. On annonce toutefois que M. Crosnier a retiré sa candidature, mais nous sommes tenté d'y croire d'autant plus fermement. La sollicitation des places occupées est une sorte de guerre qui a ses ruses. M. Crosnier a pour principaux titres, dit-on, d'être le candidat favori de M. le directeur des beaux-arts, et d'avoir été directeur de la Porte-St-Martin et de l'Opéra-Comique. M. Crosnier est né, sous le rapport des théâtres, avec une *spécialité universelle*; il y est particulièrement propre à tout, et nous devons penser qu'on naît directeur de théâtre, comme on naît poète ou myope. La candidature de M. Crosnier a bien aussi son étrangeté. Il y a deux ans, il sollicita de M. le directeur des beaux-arts la prolongation de son privilége d'Opéra-Comique, qui touchait à sa fin, se disant assez bien portant pour l'exploiter long-temps encore lui-même. Mais aussitôt après l'avoir obtenue (voyez la fragilité de la santé humaine!), il se sentit assez gravement indisposé pour solliciter de M. le directeur des beaux-arts la nouvelle faveur de céder cette prolongation à M. Basset, moyennant quelques centaines de mille francs. Enfin, après avoir déposé ce fardeau déjà trop pesant en raison de l'état fâcheux de sa santé, voilà qu'il se trouve guéri comme par miracle, et qu'il offre une épaule dévouée, au poids, bien autrement lourd, de l'Académie royale. Sixte-Quint, d'égrotante mémoire, ne prit, ne quitta, ne reprit et ne rejeta pas aussi souvent sa fameuse béquille. Nous pensons donc qu'il y aurait cas d'homicide par imprudence à laisser M. Crosnier sacrifier ce qui lui reste de force à la prospérité de l'Opéra. Maître qu'il est d'une belle fortune loyalement et habilement acquise, il fera bien de renoncer à l'amplifier encore. Qu'il se soigne, qu'il se tienne les pieds chauds, qu'il ne dirige plus rien, si ce n'est sa santé : elle est naturellement chère à ses amis, comme celle de tout honnête et galant homme.

Nous n'avons plus à parler que d'un seul candidat à la direction de l'Opéra, et celui-là, c'est le directeur actuel. On doit lui pardonner de s'être inscrit lui-même parmi ses nombreux héritiers, dans la crainte sans doute de se singulariser en s'en abstenant. Il faut bien faire comme tout le monde, pour ne pas être ridicule. Nous le confessons, tout nous porte à désirer qu'en obtenant la prolongation de son privilége, il devienne ainsi son propre successeur. Comme zèle, comme goût, comme activité et comme aptitude, il a dix fois plus de titres qu'il n'en faut. Le ministre, en choisissant ici le plus méritant, peut craindre, à la vérité, de donner un fâcheux exemple; mais, en définitive, une fois n'est pas coutume, et, dans ce temps d'injustice, de partialité et de favoritisme, une exception peut être bonne de loin en loin, ne fût-ce qu'à confirmer la règle.

Louis DESNOYERS.

PREMIÈRE PROCLAMATION DE M. DUPONCHEL

A SES CONCITOYENS,

Relativement aux affaires passées, présentes et futures de l'Opéra.

Le Siècle du lundi 8 mars publiait la lettre suivante, adressée par M. Duponchel à M. Louis Desnoyers, en réponse aux allégations contenues et non contenues dans la *Revue Musicale* qui précède :

« Monsieur,

« Je n'ai ni l'habitude, ni le goût de la polémique ; dans toute ma carrière, je ne me rappelle pas avoir une seule fois *comparu* à ce qu'on appelle *la barre de l'opinion publique*, et c'est à mon très-grand regret que je suis entraîné par vos attaques imprévues, par vos *personnalités railleuses*, sur un terrain où je serais battu si j'avais l'imprudence de lutter contre vous avec des armes que vous maniez avec tant de supériorité.

« Si je ne me trompe, les neuf colonnes de votre *Revue Musicale* n'ont eu pour but que de détruire ma candidature à la direction de l'Opéra. Ces neuf colonnes, ajoutées aux quatre-vingt-trois pages du dernier *factum* de M. Léon Pillet, qu'il faut ajouter aussi à un arriéré colossal d'autres *factums*, composent une respectable masse de papiers sous le poids de laquelle on veut m'étouffer.

« Quelles que soient néanmoins ma répugnance et mon inhabileté à vous suivre dans les défilés d'un feuilleton trop accidenté, je suis forcé de vous donner enfin cette satisfaction. Je vais à mon tour me servir de la publicité, cette arme qui vous est familière, et dont M. Léon Pillet use avec une prédilection si malheureuse.

« J'ai mesuré d'avance toutes les conséquences typographiques de ma réclamation ; vous en avez pour long-temps, monsieur ;

M. Léon Pillet répondra : c'est de la *copie* pour un mois qui vous arrive. Que vos lecteurs vous le pardonnent !

« La question qui est à traiter est bien simple ; aucune plaidoirie, aucun *memorandum* ne peut prétendre à l'embrouiller.

« Ma gestion a-t-elle été heureuse ? Celle de M. Léon Pillet a-t-elle été malheureuse ? Il n'y a pas de raison qui puisse vous empêcher de mettre au bout de ces deux questions le *oui* ou le *non* qu'elles attendent. S'il vous prend l'envie de vous y refuser, je vous donnerai tout à l'heure les renseignements nécessaires pour vous y décider. Mais il y a, en outre, trois questions à vider.

« Le privilége de l'Opéra expire dans quinze mois.

« M. Léon Pillet a-t-il des droits à un renouvellement ?

« C'est au ministre qu'il appartient de prononcer.

« Ai-je le droit, comme tout le monde, de demander la survivance de M. Léon Pillet ?

« Vous ne pouvez pas le contester.

« Y a-t-il une considération de convenance qui me l'interdise ? Je vais vous prouver que non.

« La polémique de M. Léon Pillet et votre *Revue Musicale*, qui en est l'écho, tendent à établir, par des assertions et des citations dont je discuterai la valeur, qu'il a été *appelé* à la direction de l'Opéra, qu'il a *accepté* la direction de l'Opéra pour le sauver.

« Vous dites qu'après cinq années *mêlées de succès et de revers* (mélange, soit ; au moins y avait-il mélange), vous dites que je me *vis forcé de résigner mes fonctions entre les mains de M. Pillet*.

« Le point d'appui de votre argumentation et de celle de M. Pillet n'est autre qu'un *considérant* de l'ordonnance qui substitua M. Pillet à moi dans la direction ; un *considérant* purement administratif dont on ne me permit pas de contrôler les termes, parce qu'une volonté très-décidée implantait à l'Opéra M. Pillet, qui se présente aujourd'hui comme ayant été *appelé*, comme ayant *accepté* ce que je ne voulais pas du tout résigner.

« Ce *considérant* que je rappelle est ainsi conçu :

« *Considérant que l'entreprise actuelle de l'Académie royale*
« *de musique est dans un état peu satisfaisant et qui excite*

« *des craintes sur l'avenir de cet établissement,* etc., etc. »

« Voici l'historique de l'entrée de M. Pillet à l'Opéra et de ce *considérant :*

« J'étais directeur et M. Pillet commissaire royal.

« Deux années me séparaient de la limite de mon privilége ; après une gestion heureuse, après des résultats magnifiques, j'étais aussi inquiet pour mon renouvellement que M. Léon Pillet est aujourd'hui confiant et rassuré après sept ans d'une gestion en déficit, et qui n'a pas eu le moindre *mélange,* pour me servir de votre propre expression.

« Vers la fin d'avril 1840, le bruit se répandit que M. Pillet avait la promesse du privilége de l'Opéra, à compter du 31 mai 1842, date de l'expiration du mien. Je dus approfondir ces bruits et m'en expliquer avec M. Aguado, qui me dit : « Il n'en « est rien encore, mais M. Pillet compte parmi les hommes ac- « tuellement au pouvoir des protecteurs reconnaissants ; vous fe- « riez peut-être bien de vous entendre avec lui ; c'est le moyen « d'obtenir une prolongation de privilége qui vous serait peut- « être refusée si vous ne vous associiez pas avec M. Pillet. »

« Je fus donc forcé d'aborder M. Pillet, qui convint de ses prétentions et de ses démarches, dont le succès lui paraissait indubitable, par des raisons que je désire ne pas révéler : il se faisait fort d'obtenir huit ans de prolongation et toutes les modifications possibles au cahier des charges.

« C'est ce qui fut fait, et c'est alors que, pour expliquer une bienveillance si extraordinaire et motiver l'entrée de M. Pillet, fut inventé le *considérant* qui présentait l'Opéra comme en péril.

« S'il en eût été autrement, pourquoi donc me serais-je adressé à M. Léon Pillet ? moi qui, je dois l'avouer, n'ai jamais eu grande sympathie pour sa personne, ni grande confiance en son talent, dont il m'avait donné dans *la Vendetta* un échantillon peu encourageant.

« Sont-ce ses capitaux dont j'implorais le secours ? M. Aguado me commanditait. Est-ce son influence dans la presse ? Le seul journal qu'il ait dirigé n'avait jamais eu qu'une existence très-précaire.

« Cette association forcée une fois conclue, il nous fallut très-peu de temps à M. Pillet et à moi pour arriver sur toutes les questions au dissentiment le plus complet : *je voulais de la magnificence, M. Pillet de la parcimonie ;* ce que fait M. Pillet, je ne l'ai jamais fait ; ce qu'il aime, je l'ai repoussé.

« La vie commune devint impossible ; M. Pillet ne sembla ne croire qu'à lui et ne rien vouloir de ce que j'avais voulu ou préparé. Ainsi Mlle Heinefetter, ainsi Mario, ainsi Poultier, et depuis Duprez. Mon peu d'enthousiasme pour Mme Stoltz qu'il préparait fut la première cause de notre désaccord : M. Pillet voyait et voulait Mme Stoltz premier sujet, et je la voulais, moi, ce qu'elle était, avec les *trois mille francs* d'appointements fixes que je lui avais donnés. Nous eûmes une explication assez vive après l'exécution et le fiasco d'une scène musicale, composée par un lauréat, chantée par Mme Stoltz à l'Institut, et dont M. Pillet voulut aussi gratifier le public de l'Opéra.

« A partir de là, nos relations ne furent plus qu'officielles et ne s'établissaient même que par des tiers. Cette situation n'en dura pas moins jusqu'en mai 1842, malgré les efforts de toute nature que fit M. Pillet pour me faire quitter la partie.

« Quelques mois avant cette époque, M. Aguado me déclara que M. Pillet refusant nettement de gérer plus long-temps avec moi, les intérêts de l'entreprise en souffriraient. Je me rendis aux instances de M. Aguado, qui avait la main forcée, et consentis à me retirer. Mais parce que M. Pillet voulait trôner tout seul, je ne devais pas être blessé dans mes intérêts, après l'injuste blessure que recevait mon amour-propre. Certains avantages m'étaient garantis : on me les conserva en capitalisant d'un seul bloc les appointements auxquels j'avais droit jusqu'à la fin de la concession.

« C'est ici pour moi l'occasion de protester hautement contre un bruit répandu avec intention. On a dit que j'avais vendu l'Opéra à M. Pillet, et qu'aujourd'hui je demandais la concession gratuite d'une chose que j'avais vendue. Cela n'est pas vrai, et si c'était vrai, M. Pillet, qui ne me ménage pas plus que vous, n'aurait pas manqué de l'articuler dans son *Compte-rendu*.

« J'ai été rudement attaqué par M. Pillet et par vous ; le bruit qui se fait à mes oreilles, le bruit que je regrette de faire moi-même en écrivant ceci me plaît fort peu ; je me trouve bien obscur pour tout ce tapage; mais ma patience et ma modestie sont bien éprouvées quand je lis dans le Mémoire de M. Pillet des phrases hautaines comme celle-ci :

« A peine le traité fut-il signé que nous reconnûmes, *M. Aguado et moi*, l'impossibilité de conserver M. Duponchel dans l'intérieur de l'administration. »

« Voyez-vous d'ici M. Aguado, dont le nom m'est toujours cher, s'en rapportant à la haute capacité de M. Pillet pour me condamner ; M. Aguado, le financier habile, ne prenant conseil que de cette grande intelligence administrative. Eh bien ! moi, je vais vous donner, Monsieur, la mesure de la confiance que M. Aguado, dont la volonté était enchaînée, montrait déjà dans l'intelligence de M. Pillet. Ma commandite était de 300,000 francs, et, à l'arrivée de M. Pillet, M. Aguado la réduisit à 150,000 francs.

« Dans son *Compte-rendu*, en parlant de mon heureuse gestion, M. Pillet dit : « Ce bonheur donnait-il à M. Aguado, qui « voyait les *choses de près*, une grande confiance dans l'habileté « de M. Duponchel ? »

« Je ne sais trop quelles choses M. Aguado a vues de près, selon M. Pillet, mais je peux vous dire que ses héritiers n'ont jamais revu de *près* ni de loin cette commandite de 150,000 francs.

« Vous voyez donc bien, Monsieur, qu'on *n'appela* pas M. Pillet, mais qu'il vint ; qu'il *n'accepta* rien, *qu'il demanda et obtint*.

« Comment ? On l'a rappelé dans la dernière discussion de l'Adresse.

« Il ne m'appartient pas de critiquer la gestion de M. Pillet, gestion dont les résultats consistent plus en *factums* imprimés qu'en succès ; mais n'ai-je pas le droit de relever des assertions que vous reproduisez vous-même et qui touchent à ma gestion ?

« M. Pillet se plaint d'avoir pris l'Opéra dans un état *peu satisfaisant*. Pourquoi l'a-t-il demandé et pris ? Il était commissaire royal, et devait connaître cette situation ; et, s'il s'est cru assez fort pour l'améliorer, pourquoi n'en est-il pas venu à bout ?

« Si, au contraire, ce prétendu état *peu satisfaisant* n'était qu'une rubrique de rédaction trouvée pour motiver l'arrivée de M. Pillet à la direction, comme il est aisé de le prouver en comparant l'état *peu satisfaisant* laissé par M. Duponchel avec l'*état satisfaisant* que laissera M. Pillet, que deviennent toutes ces récriminations ?

« En pareille matière les mots ne disent rien, le succès est tout.

« Que devient ce seul argument de M. Pillet : « On m'a donné
« un théâtre en mauvais état, et quand, après sept ans d'efforts, je
« suis sur le point de l'améliorer, on ne peut concevoir l'idée de
« le confier à un autre. »

« Est-ce soutenable, quand à côté du personnel que j'ai laissé :
« MM. Duprez, Mario, Alexis Dupont, Wartel, Poultier,
« Levasseur, Dérivis, Serda, Alizard,
« Massol, Ferdinand Prévost,
« Mmes Dorus-Gras, Nau, Stoltz, Heinefetter, Nathan, Dobrée, Rieux, Élian, Widemann,

« On met les noms, la plupart inconnus, qui composent la troupe actuelle, et dont M. Pillet fait du reste, lui-même, très-bon marché, car, à l'exception de Mme Stoltz, le *Compte-rendu* n'en ménage aucun.

« Qu'a-t-on fait de Duprez ? le point de mire de persécutions dont le public n'a jamais voulu se rendre complice.

« De Mario ? M. Pillet le représente comme un jeune invalide dont il n'y avait pas grand'chose à tirer. Or, Mario, que j'avais heureusement deviné, qui recevait de moi, pendant deux ans et demi, avant de débuter, une pension de quinze cents francs par mois, pour ses études, est aujourd'hui le premier ténor d'Europe.

« Duprez, dans la force de son talent ;
« Mario, si riche d'avenir, cela constituait un état *peu satisfaisant !*

« Vous demandez, Monsieur, si j'ai *en portefeuille d'admirables partitions?*

« Je n'ai pas de portefeuille ; mais j'aurais la très-ferme intention, si j'avais l'honneur de diriger l'Opéra, d'obtenir de bons ouvrages ; et par une sorte de routine, que dédaigne M. Pillet, j'aurais la simplicité d'en demander à ceux qui font les meilleurs. C'est bien terre à terre, bien bourgeois, bien spéculateur, mais je ne ferais pas autrement que je n'ai fait. C'est tout uniment à Meyerbeer, à Auber, à Halévy, à Adam, à Verdi, etc., que je m'adresserais ; à *Rossini très-volontiers, pourvu qu'il consentît à m'envoyer une partition et non un sarcasme.* Et, après sept ans de gestion, je ne croirais pas que les compositeurs me sont dévoués parce qu'ils m'appelleraient *mon cher ami*, mais parce qu'ils m'auraient donné leurs œuvres.

« Je fournirais la liste des ouvrages que je devrais à leur génie, et ne publierais pas une série de lettres pleines d'excuses polies, et de fins de non-recevoir agréables que je ne devrais qu'à leur savoir-vivre. Ce n'est pas leur prose, mais leur musique que je serais heureux de produire.

« Je n'ai surtout pas de portefeuille, Monsieur, où se cacherait une collection de pièces faites par moi ; je n'imposerais pas des scènes, des actes tout entiers à des écrivains qui savent leur très-difficile métier.

« Je me laisserais tout bonnement faire par les auteurs et par le public, ne me considérant que comme un *intermédiaire magnifique, prodigue même*, entre le travail des uns et les plaisirs de l'autre.

« C'est cette méthode, dont le bon sens fait tous les frais, qui m'a valu les ouvrages de Meyerbeer, d'Auber, d'Halévy, que M. Pillet, dites-vous, a en *perspective*.

« Mais la *perspective*, c'est l'illusion, Monsieur. C'est une cruauté peut-être de votre part que de multiplier les jeux de ce mirage.

« Si vous étiez directeur de l'Opéra, est-ce que vous vous contenteriez de *perspective ?* La *perspective*, cela ne se met pas en musique, en ballet ; on ne paie pas les artistes, les fournisseurs, avec de la *perspective*.

« Dans une lettre adressée à tous les journaux, le 6 novembre 1842, M. Pillet disait :

« Après *Richard en Palestine*, opéra en deux actes de M. Adam,
« commenceront les répétitions du grand opéra de M. Meyerbeer,
« *le Prophète*, qui sera représenté dans le courant de l'automne
« suivant. »

« Il y a cinq ans !

« Qu'est-ce que M. Meyerbeer a donc envoyé depuis lors ? Que produit M. Pillet ?

« Une lettre du célèbre compositeur !

« Et l'illustre auteur de *la Muette*, quel ouvrage voyez-vous de lui, en remontant jusqu'au premier plan de votre *perspective ?* Aucun.

« Un directeur de l'Opéra ne me semble pas un personnage assez important pour qu'il ait le droit *d'adresser des proclamations à ses concitoyens* à propos d'affaires de coulisses : heureux, il doit se taire ; malheureux, ne pas s'excuser.

« Aussi n'ai-je jamais songé à faire moi-même mon éloge, et encore aujourd'hui, attaqué comme je le suis par M. Pillet, je ne veux, pour rehausser mes actes, me servir que des propres expressions employées par M. Pillet, chargé comme commissaire royal d'apprécier ma gestion.

« C'est la conclusion que je cite :

« Telle est, monsieur le ministre, le résultat de l'examen au-
« quel a dû se livrer la commission pour se conformer aux ins-
« tructions que vous avez bien voulu lui donner, résultat satisfai-
« sant, et à la suite duquel elle croit de la justice de recomman-
« der à votre bienveillance M. Duponchel, dont le zèle, soumis à
« de rudes épreuves, n'a rien négligé pour satisfaire le public et
« justifier la confiance de l'autorité. »

« En résumé, Monsieur, *si ma position vous a semblé un logogriphe*, votre intelligence si fine et si déliée se contentera des explications que je vous donne, et vous n'aurez pas besoin du secours d'Œdipe.

« En voici une surtout qui est de nature à convaincre les plus incrédules, et qui aurait peut-être remplacé à elle seule cette trop longue lettre :

« M. Pillet a perdu 329,000 francs ; mes bénéfices se sont élevés à 329,000 francs.

« Je crois avoir établi que M. Pillet a été introduit et non *appelé* à l'Opéra ;

« Que M. Aguado n'osa pas le commanditer de plus de 150,000 francs ;

« Que cette commandite s'est perdue dans les profondeurs de votre *perspective* ;

« Qu'il n'y a plus de commandite ;

« Que l'entreprise est en déficit;

« Que la troupe, satisfaisante pour M. Pillet, ne semble pas suffisante au public.

« Je crois avoir fait une justice complète du *considérant* qui me représente comme ayant laissé le théâtre dans un état *peu satisfaisant*.

« Je vais plus loin : si, dans sa sollicitude pour un théâtre qui a toute l'importance d'une institution richement dotée par le pays, monsieur le ministre voulait nommer un successeur à M. Pillet, ses bureaux peuvent s'épargner des frais de rédaction pour un considérant ; le voici tout trouvé :

« Considérant que l'entreprise actuelle de l'Académie royale de
« Musique est dans un état peu satisfaisant et qui excite des
« craintes sur l'avenir de cet établissement, etc. »

« Pardonnez-moi, Monsieur, de vous avoir pris tant d'espace ; mais convenez que je n'ai pas abusé du droit de défense, moi, si gravement attaqué.

« M. Léon Pillet vous répondra, n'en doutez pas, mais je garderai sur lui l'avantage d'un homme qui ne parlera que la main pleine de preuves, de faits, de chiffres, en lui laissant tous les avantages que lui donne son habileté à manier la plume.

« Agréez, Monsieur, etc.

« DUPONCHEL. »

RÉPLIQUE DE M. LÉON PILLET

A la première proclamation de M. Duponchel

A SES CONCITOYENS.

Le Siècle du 10 mars publiait la lettre suivante du directeur actuel de l'Opéra :

« A M. LOUIS DESNOYERS.

« Monsieur,

« En vous remerciant de la bienveillance extrême avec laquelle vous avez pris si spirituellement ma défense, je regrette d'être obligé de vous demander, comme un nouveau service, la permission de répondre à M. Duponchel.

« Veuillez cependant, Monsieur, remarquer, à ma décharge, que si je suis contraint d'abuser de votre obligeance, ce n'est pas à moi que vos lecteurs devront s'en prendre : je n'ai rien publié, moi, contre M. Duponchel, ni dans *le Siècle*, ni dans aucun autre journal ; j'ai repoussé, il est vrai, dans mon *Compte-rendu*, une attaque imprévue de M. Duponchel, une offre de *rabais*, adressée par lui au ministre et distribuée aux Chambres pendant mon absence, deux ans et demi avant l'expiration de mon privilége. Mais, en adressant ce *compte-rendu* aux personnes qui avaient reçu la lettre de M. Duponchel, je n'avais fait, comme je ne ferai encore aujourd'hui, qu'user, à regret, du droit de légitime défense ; c'est assez dire que tâcherai de n'en point abuser.

« Pour cela je serai forcé de laisser sans réponse une grande partie des *erreurs* et des *aménités* dont fourmille la lettre qu'a signée M. Duponchel ; mais quand j'aurai fait apprécier les principales, on jugera le reste et l'on m'approuvera d'abréger.

« J'ai dit et publié, il y a plus de six ans, que j'avais été *appelé* à la direction de l'Opéra par la confiance de M. le ministre de l'intérieur et le désir du principal intéressé ; que, non-seulement je n'avais pas sollicité cette faveur, mais que j'avais longtemps balancé à l'accepter, parce que l'entreprise me paraissait alors en mauvaise situation.

« Ce que je disais alors, je le répète aujourd'hui, et ne me sens nullement disposé à reconnaître, soit à M. Duponchel, soit à personne pour lui, le droit de me démentir autrement que par des preuves.

« Voyons donc celles que produit M. Duponchel.

« A l'entendre, j'aurais été, en 1842, *imposé* comme associé à M. Aguado et à lui, tantôt par la menace, tantôt par la séduction. N'ayant plus, dit-il, que deux années de privilége, il craignait déjà beaucoup pour son renouvellement! M. Aguado, épouvanté comme lui de la puissance et de l'audace de mes amis, lui avait conseillé de s'arranger avec moi, et moi j'avais achevé de forcer la position en promettant, si l'on me prenait pour associé, une prolongation de privilége de huit ans.

« M. Duponchel est, je me vois forcé de le lui dire, bien malheureusement doué du côté de la mémoire.

« Quelque modération que je veuille m'imposer, je ne puis me dispenser de déclarer hautement que cette histoire ne contient pas un seul mot de vérité ; et, qui pis est, j'aurai le regret de le prouver. Il n'est pas seulement faux, il est *impossible* que j'aie employé, soit auprès de M. Aguado, soit auprès de M. Duponchel, aucun des moyens qu'il me reproche aujourd'hui.

« M. Duponchel prétend qu'en 1840 il était déjà fort inquiet du renouvellement de son privilége, qui, dit-il, n'avait plus que deux ans de durée !...

« Deux ans de durée !... c'était déjà quelque chose ! c'était s'y prendre bien tôt pour se tant alarmer ! Mais que M. Duponchel veuille bien se donner la peine de jeter un coup-d'œil sur son cahier des charges ; il y verra, si je ne m'abuse pas moi-même, que son privilége n'expirait qu'en 1843 ! Or, du milieu du mois de mai 1840 à la fin du mois de mai 1843, il y a, si je sais compter, trois ans et non pas deux !

« On s'est plu, je ne prétends pas le nier, à gratifier depuis long-temps M. Duponchel d'une réputation d'étourderie devenue proverbiale ; mais personne, que je sache, ne s'est encore avisé d'en faire un homme oublieux de ses propres intérêts ; il est donc très-probable qu'en 1840 M. Duponchel savait, tout aussi bien que moi, que son bail ne devait pas finir avant trois ans, et que l'inquiétude qu'il croit avoir éprouvée alors était bien moindre qu'il ne lui convient de le dire aujourd'hui !

« Je n'en veux d'autre preuve que ce que dit M. Duponchel lui-même de la position qu'il croyait avoir alors !.... Il était associé de M. Aguado, qui l'honorait, dit-il, d'une confiance extrême !... L'entreprise était dans l'état le plus prospère, et elle avait encore trois ans de bail assuré !... Le moyen de croire que, dans une semblable situation, M. Aguado et lui fussent bourrelés de tant de frayeurs !...... Le moyen de croire que M. Aguado, homme de sens et fort en état de braver une attaque injuste, ait craint alors de voir un ministre du roi disposer d'un privilége trois ans d'avance, commettre un tel abus de pouvoir, au mépris non-seulement de ses devoirs d'honnête homme, mais au mépris d'un droit strict, d'un droit écrit, au mépris d'un cahier de charges, en vertu duquel aucune mesure de ce genre n'aurait pu être adoptée sans la complicité de la commission des théâtres !...

« C'est là cependant, s'il faut en croire M. Duponchel, ce qui l'aurait forcé, non-seulement à céder *ce que*, dit-il, *il ne voulait pas du tout résigner*, mais encore à laisser passer sans réclamation, dans un arrêté ministériel qui le concernait, puisqu'il devait faire la base de notre association, une allégation qui n'eût été qu'un mensonge ! un *considérant* qui déclarait mauvaise et alarmante une situation qu'il prétendait être sûre et prospère !

« Il est vrai que, suivant l'histoire de M. Duponchel, la *séduction* aurait merveilleusement secondé ces déloyales tentatives d'*intimidation !*

« Ici, je suis encore forcé de m'écrier : Quelle singulière mémoire que celle de M. Duponchel ! Tout à l'heure il oubliait la durée de son privilége ; il oublie maintenant celle de la prolongation !

« On promettait, dit-il, huit ans de prolongation et une foule de modifications au cahier des charges ; et il ajoute, en foi de son dire, *c'est ce qui fut fait.*

« Voyons les dates : — le bail de M. Duponchel allait jusqu'en juin 1843 ; — le nouveau privilége expire en 1848. — Voilà ce que M. Duponchel appelle une prolongation de huit ans !

« Poursuivons :

« En prenant la direction de l'entreprise, j'avais tenu à constater que la situation en était mauvaise, et un arrêté ministériel l'avait reconnu. — On a eu tort, dit aujourd'hui M. Duponchel : tout allait à merveille. Et pour le démontrer, il imagine de publier la conclusion d'un rapport signé de moi comme commissaire royal, rapport qui déclare en effet satisfaisant le résultat de la gestion de M. Duponchel.

« Mais... (quelle étrange mémoire que celle de M. Duponchel !) il oublie encore une chose : c'est la date du rapport. A la manière dont le présente M. Duponchel, ne semble-t-il pas qu'il doive être à peu près de la même époque que l'arrêté qu'il est destiné à contredire ? Eh bien ! il est de juillet 1836, c'est-à-dire de quatre ans avant ! c'est-à-dire d'une époque où l'Opéra possédait encore Adolphe Nourrit, Mme Damoreau, Mlle Falcon et Mlle Taglioni, et où Meyerbeer venait de donner *les Huguenots* ! En 1840, date de l'arrêté, qu'étaient devenus Nourrit, Mme Damoreau, Mlle Falcon et Mlle Taglioni ? quel opéra de Meyerbeer avait-on en portefeuille ? qu'étaient devenues les belles recettes de 1836 ? quels éléments de succès voyait-on pour l'avenir ?

« Je me suis engagé tout à l'heure à prouver qu'il était non seulement faux, mais *impossible*, que j'eusse tenté d'agir sur M. Duponchel par intimidation non plus que par séduction. Pour cela, je n'ai qu'à raconter succinctement l'histoire de mes négociations avec M. Aguado, négociations qui furent toutes conduites par un tiers dont le témoignage pourrait être invoqué au besoin.

« En 1840, bien que M. Duponchel fût toujours directeur titulaire de l'Opéra, tout le monde savait que le véritable entrepreneur, le seul responsable, le vrai propriétaire, était depuis longtemps M. le marquis de las Marismas. M. Duponchel ne passait plus guère que pour son *prête-nom* !

« Et cela devait être, M. Duponchel ayant trouvé bon de lui

vendre d'abord une moitié de l'affaire, puis l'autre moitié, à l'exception d'un faible intérêt dans les bénéfices qu'il s'était fait allouer en sus d'un traitement fixe ! Aussi, M. Duponchel, directeur appointé, ne pouvait-il rien sans M. le marquis de las Marismas ou ses conseils.

« M. Duponchel prétend aujourd'hui dans sa lettre que M. Aguado avait une grande confiance en sa capacité... Soit ! mais ce que je puis affirmer, c'est qu'en 1839, malgré cette confiance, M. Aguado cherchait à céder l'entreprise ; ce que je puis affirmer, c'est qu'après avoir payé à M. Duponchel de grosses sommes qui avaient absorbé et au-delà les bénéfices résultant des premières années, M. Aguado ne voyait pas sans inquiétude diminuer chaque jour les chances de succès ; ce que je puis affirmer, c'est qu'en 1839 l'heure des pertes avait déjà succédé à celle des bénéfices, et, qu'avant de songer à s'entendre avec moi, M. Aguado avait déjà été sur le point de vendre à un autre ; ce que je puis déclarer, c'est que, par suite d'arrangements, dont M. Aguado ne nous devait aucun compte, mais dont il se bornait à affirmer l'existence, il se croyait maître de traiter sans M. Duponchel ; et quand M. le ministre de l'intérieur, informé de ce fait, me demanda s'il me convenait de m'entendre avec lui ; quand, pour connaître les conditions de la cession que M. Aguado témoignait le désir de faire, je lui envoyai, *sans me nommer*, un ami commun, M. Aguado s'expliqua le plus nettement du monde ; il traita, non pas d'une nouvelle association, mais d'une cession pure et simple dont il fixa le prix !...

« Que deviennent maintenant les fables de M. Duponchel sur mes prétendues tentatives d'intimidation ?

« Qu'importait à M. Aguado, vendant l'affaire, ce que son acquéreur en devait retirer après lui ? Que lui importait de savoir si cet acquéreur obtiendrait ou n'obtiendrait pas de prolongation ? Plus, au contraire, l'acheteur aurait témoigné de confiance dans l'affaire, et plus le vendeur en aurait élevé le prix ! Le jeu de l'acheteur n'était pas de faire blanc de son épée.

« Il y a plus ! le prix de vente était déjà fixé, que M. Aguado lui-même ignorait encore le nom de l'acquéreur ! Il ne le connut que lorsque les paroles durent s'échanger.

« Mais il avait compté sans M. Duponchel! Se croyant autorisé, comme je l'ai dit plus haut, par ses arrangements personnels avec lui, à traiter de sa retraite immédiate et complète, il l'avait fait avec une entière confiance. Au moment décisif, il fut désabusé, — je le vois encore m'annonçant avec une émotion profonde, en présence de l'ami commun qui avait conduit l'affaire, qu'il était obligé de manquer à sa parole, parce que M. Duponchel refusait de se retirer!

« Comment M. Aguado qualifiait-il alors le refus imprévu de M. Duponchel? Je m'abstiendrai de le dire, ne pouvant pas juger la valeur d'engagements dont je n'avais aucune connaissance personnelle ; je dirai seulement, pour expliquer notre confiance dans l'assurance qu'exprimait M. Aguado, que sachant M. Aguado seul responsable des pertes, il ne nous avait paru nullement invraisemblable qu'en achetant l'entreprise à M. Duponchel il se fût réservé le droit de la vendre à son tour.

« Tout fut rompu ; mais le lendemain M. Aguado me fit offrir de traiter sur de nouvelles bases. Par une confiance qui ne pouvait que m'honorer, il me proposa de rester avec moi dans l'affai   au lieu de me demander de l'argent, il m'en offrit, laissa son cautionnement, fournit une commandite en rapport avec l'intérêt qu'il conservait. Quant à M. Duponchel, il fallut lui laisser le titre d'associé et les fonctions de directeur du matériel, avec des avantages estimés 20,000 fr. par an.

« Ce fut alors seulement que M. Duponchel apprit, prêt à signer, le nom de son nouvel associé!

« Voilà comment mon influence et celle de mes amis lui avaient inspiré une si profonde frayeur!

« A cette occasion, qu'il me soit permis de prouver comment, moi que M. Duponchel accuse si faussement d'avoir voulu le déposséder par la terreur, j'ai pratiqué, précisément en 1840, le respect que je crois dû aux positions acquises.

« A cette époque, M. Duponchel avait pour associé depuis six mois un homme de lettres que je n'avais pas eu le plaisir de connaître auparavant.

« En signant notre traité, je me sentais fort tranquille quant aux intérêts personnels de M. Duponchel : la nouvelle position qu'il avait su se faire était assez belle pour ôter toute envie de le plaindre.

« Quant à M. Monnais, que j'allais remplacer, j'avais sollicité pour lui, comme compensation, le *commissariat* que je laissais vacant.

« La place était déjà l'objet de bien des demandes !... On assurait que des engagemens étaient pris et qu'elle allait être, le jour même, donnée à un autre. A cette nouvelle, je courus chez M. de Rémusat, que je savais homme à comprendre parfaitement mon scrupule, et lui déclarai que si M. Monnais n'obtenait pas ma succession, il me serait impossible d'accepter la sienne. Un quart d'heure après, M. Monnais était nommé !

« Voilà pour ma conduite jusqu'en 1840.

« Depuis, M. Duponchel quitta l'Opéra. Comment et pourquoi?

« S'il faut en croire sa version, *la vie commune nous était bientôt devenue impossible, parce que nous étions en désaccord sur tous les points, sur la valeur des ouvrages, sur celle des artistes, etc., etc.*

« Je regrette d'être obligé de déclarer encore que la mémoire de M. Duponchel le trompe étrangement, mais il m'est tout-à-fait impossible d'admettre que j'aie jamais eu avec lui la moindre discussion sur une question de personnel ou d'administration, et cela par une raison qui me dispensera de toutes autres... c'est que jamais je n'ai songé à le consulter !

« Qu'il blâmât en arrière tout ce que j'approuvais, qu'il fît de son salon un foyer toujours ouvert aux mécontents ou aux détracteurs de ma gestion, je suis loin de le nier; mais la critique incessante dont il faisait, dit-on, le charme de ses loisirs, était de sa part une occupation toute bénévole qu'aucune demande d'avis ne provoqua jamais.

« Je dirai même que ce fut cet excès de zèle qui nous fit reconnaître plus tard, à M. Aguado et à moi, la nécessité de lui donner encore plus de loisirs, en l'éloignant de l'Opéra, même au prix de nouveaux sacrifices pécuniaires.

« M. Duponchel prétend qu'il est invraisemblable que, sur la question de savoir s'il fallait nous priver de lui, M. Aguado s'en soit rapporté à ma *capacité*.

« Que M. Duponchel se rassure : ce n'est pas à mon seul témoignage, c'est à sa propre conviction, à sa conviction profonde, que s'en rapporta sur ce point M. Aguado, et ce qui le prouve, c'est que lui, qui, en sa qualité de commanditaire, aurait bien pu refuser de prendre part au traité, même pour autoriser la retraite de M. Duponchel, y figura, non-seulement pour l'autoriser, mais encore *pour garantir le paiement stipulé.*

« Ici se place une nouvelle assertion de M. Duponchel, et celle-ci dépasse, on va le voir, en étrangeté, toutes celles que j'ai déjà eu l'occasion de signaler !

« *On a prétendu,* s'écrie M. Duponchel, *que j'avais vendu l'Opéra à M. Léon Pillet, et qu'aujourd'hui je demandais la concession gratuite d'une chose que j'avais vendue ! Cela n'est pas vrai, et si c'était vrai, M. Pillet, qui ne me ménage pas, n'aurait pas manqué de l'articuler dans son compte-rendu !*

« Je ne sais si je veille en lisant ce passage, ou si M. Duponchel rêvait en l'écrivant !

« M. Duponchel demande s'il a vendu l'Opéra !…

« Entendons-nous… Parle-t-il de l'Opéra tout entier ?

« Il est bien évident qu'en 1841 il ne possédait plus qu'une part de l'entreprise, et qu'il ne pouvait plus, par conséquent, me vendre ce qu'il avait déjà vendu à M. Aguado… Mais ce qui lui en restait !… mais tous les avantages qu'il s'était fait réserver par l'acte social, qu'en a-t-il fait ?

« Le 20 octobre 1841, M. Duponchel conclut avec M. Aguado et moi un traité dans lequel se trouve textuellement la clause suivante :

« Art. 4. M. Duponchel cède, transporte et abandonne, en
« toute propriété, à M. Léon Pillet, qui l'accepte en son nom et
« pour son propre compte, tous les droits, avantages, loge, trai-
« tement, allocations, indemnité, *part d'intérêt,* privilèges, etc.,
« résultant en sa faveur de la *concession à lui faite par les ar-*
« *rêtés ministériels* des 15 août 1835 et 7 novembre 1836, soit de
« l'acte de société du 7 juin 1840, pour, par M. Léon Pillet ou
« l'entreprise de l'Opéra, en jouir et disposer comme de choses
« à eux appartenant, après le 31 mai 1842.

« ….. Art. 7. M. Léon Pillet s'oblige à payer à M. Duponchel,

« pour prix de sa retraite, des cession et abandon qu'il fait par
« ces présentes, la somme de *cent cinq mille francs*, etc., etc. »

« Si M. Duponchel n'appelle pas cela une vente, je le prie de me dire quel acte nous avons fait ensemble.

« Quant à la part dont M. le marquis de las Marismas était propriétaire en 1840, et qu'il n'avait pu tenir que de M. Duponchel, M. Duponchel lui en avait-il fait cadeau? Je suis, je l'avoue, d'autant moins disposé à le croire, que je me souviens parfaitement d'avoir entendu M. Aguado lui dire, en présence de témoins, à l'occasion d'une discussion d'intérêts : « Je ne me plains de rien !
« je n'accuse personne ; je dis seulement que, par suite de nos
« arrangements, *vous avez gagné dans l'affaire deux cent qua-*
« *rante mille francs, tandis que moi, votre associé, je les ai*
« *perdus !* »

« En résumé, que m'a vendu M. Duponchel? sa part d'un privilége qui dure jusqu'en mai 1848.

« En l'achetant, je me suis mis à son lieu et place ; et je croyais, je l'avoue, en cette qualité, qu'il y aurait dans la conscience de l'honnête homme, aussi bien que dans les usages commerciaux, quelque chose qui défendrait à M. Duponchel de me troubler dans la jouissance de l'objet par lui vendu.

« Il m'a semblé, depuis, qu'un vendeur scrupuleux aurait pu craindre de me troubler dans cette jouissance en sollicitant deux ans et demi d'avance, et *au rabais*, l'entreprise sur laquelle il m'avait cédé tous ses droits !

« Qu'une pareille demande, formée précisément à une époque où, en vertu de mon cahier des charges, l'autorité avait le droit de m'imposer une diminution de subvention, pouvait, prise au sérieux, m'occasionner une perte de 200,000 francs !

« Il s'est même trouvé des praticiens pour prétendre qu'un pareil acte pourrait bien donner ouverture à un procès dont l'issue ne serait pas douteuse.

« Il m'a semblé enfin que la lettre de M. Duponchel, malgré l'esprit, la logique et l'urbanité qui la recommandent aux suffrages de tous les gens de goût, ne serait pas indigne d'y occuper une place importante.

« Mais M. Duponchel en a jugé autrement, puisqu'il demande

s'il *existe une raison de convenance* qui lui interdise de se conduire ainsi à mon égard.

« Cela me prouve de nouveau, ce que je savais déjà, qu'en fait de convenance et de délicatesse, il y a différentes manières de voir les choses. Ma manière n'est pas celle de M. Duponchel; mais peut-être a-t-il la bonne! Le public en jugera.

« Agréez, etc.

« Léon PILLET. »

DEUXIÈME PROCLAMATION DE M. DUPONCHEL

A SES CONCITOYENS.

Le Siècle du samedi 13 mars 1847 publiait la lettre suivante, adressée par M. Duponchel au directeur de ce journal :

« Monsieur le Directeur,

« Je commence par vous remercier de la très-rare impartialité qui vous a fait accueillir mes explications, et de la bonté avec laquelle vous voulez bien vous placer en intermédiaire entre M. Pillet et moi.

« Allons au fait.

« Des équivoques sur des dates, des chicanes sur les formes, des récriminations qui ne touchent jamais au fond, voilà ce que je trouve dans la lettre de M. Pillet.

« M. Pillet, qui ressasse depuis six ans les mêmes considérations sur les causes de la décadence de l'Opéra, au lieu de s'occuper de sa régénération, traite cette question avec une certaine facilité qui l'abandonne dès qu'il s'agit de parler le langage des affaires.

« Et d'abord, M. Léon Pillet m'appelle étourdi, moi qui ai fait prospérer un théâtre qui meurt dans ses mains sérieuses.

« Précisément, le tort de M. Pillet a toujours été de se prendre au sérieux.

« Toutes les explications que donne M. Pillet sur son entrée à l'Opéra sont obscures et embarrassées.

« Il prétend qu'il n'a pas usé d'intimidation ; en effet, je ne l'aurais pas supporté. Il parle *d'un ami commun* qui est venu faire des offres de sa part à M. Aguado pour une vente de l'Opéra.

« M. Pillet prenait donc des intermédiaires, des *circuits*, marchait *dans l'ombre*, négociait *sourdement* et de loin avec

M. Aguado? La seule personne qu'il évitait c'était moi, et j'étais pourtant la seule personne avec laquelle il fallût enfin composer; et quand on se rappelle qu'à la faveur de sa position de commissaire royal il gênait mon entreprise, n'ai-je pas le droit de dire, en donnant à ce mot sa portée la plus polie, que M. Pillet intriguait.

« Et par suite de toutes ces intrigues, il est arrivé, en fin de compte, que M. Pillet est entré à l'Opéra sans bourse délier.

« Je le prouve par la citation de l'article 2 de l'acte d'association entre MM. Duponchel, Léon Pillet et Aguado; article où il est dit que M. Pillet apporte *son industrie*, et n'est tenu à aucune mise pécuniaire.

« J'étais le prête-nom de M. Aguado, dit M. Pillet.

« Pourquoi donc ajouter que je m'opposai au projet de cession de M. Aguado?

« J'avais donc le droit de m'y opposer?

« Donc je n'étais pas un prête-nom.

« J'avais donc des droits réels dont on voulait me dépouiller par surprise, par des menées souterraines.

« M. Pillet parle des pertes de M. Aguado. Je ne connais, en fait de pertes de M. Aguado, que les 150,000 fr. de commandite que M. Pillet, l'homme sérieux, a sérieusement absorbés.

« Je suis bien sûr que M. Aguado préférait mon étourderie.

« M. Pillet nie qu'il ait eu avec moi aucune discussion sur le talent de Mme Stoltz ou sur tout autre objet, parce qu'il ne me consultait pas.

« Je suis heureux que M. Pillet le déclare; c'était pourtant son devoir de me consulter, parce que j'étais son associé, et que la raison sociale s'appelait Duponchel, Léon Pillet et Cᵉ.

« En résumé, pour entrer à l'Opéra et pour m'en déloger, M. Pillet n'a pas usé d'intimidation, j'en conviens. Comment nommera-t-il les moyens dont il s'est servi et que je viens de rappeler, quand du commissariat il a voulu passer à la direction?

« Sur la question de la prétendue vente, mêmes embarras, mêmes arguties empruntées à une certaine habitude de procédure qui me manque et que je remplace heureusement par des articulations de faits.

« Qu'importe la citation tronquée à dessein que donne M. Pillet de notre acte de séparation? Je n'ai besoin que de citer les propres expressions du compte-rendu de M. Pillet, qui caractérise ainsi ce fait :

« Nous aimâmes mieux capitaliser le traitement auquel M. Du-
« ponchel avait droit pendant cinq ans. »

« Et voilà ce que M. Pillet appelle une vente.

« Et M. Pillet vient dire que je le trouble dans la jouissance d'un objet vendu qu'il n'a pas acheté !

« D'abord, cette chose, que je répète n'avoir pas vendue, selon les expressions mêmes de M. Pillet, ne lui appartient plus dans quatorze mois; elle est à l'Etat.

« Il parle de position acquise. C'est position perdue qu'il faut dire.

« Je ne croyais pas, je l'avoue, avoir si bon marché de la réponse de M. Pillet; j'attendais mieux de son habileté à déplacer les questions; à présent, il les élude tout simplement.

« Ainsi, dans une prévision trop justifiée depuis, M. Aguado a-t-il réduit la commandite de moitié pour M. Pillet? — Pas de réponse.

« Cette commandite de 150,000 fr. a-t-elle été engloutie? — Pas de réponse.

« Y a-t-il une nouvelle commandite? — Pas de réponse.

« L'Opéra est-il en déficit? — Pas de réponse.

« Mon personnel était-il bon? Le personnel actuel est-il mauvais? — Pas de réponse.

« Y a-t-il en *portefeuille* (puisqu'il y a maintenant un portefeuille à l'Opéra; de mon temps il y avait un répertoire), y a-t-il autre chose que des lettres de compositeurs? y a-t-il des partitions? — Pas de réponse.

« Par une sorte de *fatalité cabalistique*, M. Pillet a-t-il perdu 329,000 fr.? Ai-je gagné 329,000 fr.?

« Jamais de réponse.

« En résumé, je n'ai traité que les questions qui intéressent le public et l'autorité. M. Pillet a secoué ses dossiers.

« J'ai parlé de l'Opéra, de sa magnificence déchue, de ses périls; j'ai donné des chiffres, j'ai précisé mes recettes et celles de mon successeur, et l'on répond avec des subtilités de procureur. Est-ce que l'Opéra serait devenu une étude, un antre de chicane, une fabrique de factums ?

— « Au nom du ciel, c'est un théâtre qu'on demande !

« Un théâtre avec des chanteurs, comme Duprez, comme Mario.

« Et l'on sourit, en vérité, quand un directeur vous dit : « Si « j'avais pu prévoir ce que deviendrait plus tard Marié, je me se- « rais bien gardé de le préférer à Mario. »

« En fait de direction théâtrale, prévoir c'est le métier.

« Et que dire quand on entend encore ceci : « Je me disposais « à entendre Mlle Lind, quand on vint me prévenir que la com- « mission des théâtres royaux m'attendait. »

« Voilà qui est positif : Mlle Lind est venue pour se faire entendre, et M. Pillet n'a pas voulu l'entendre, parce qu'à ses yeux Mme Stoltz, c'est tout le monde musical.

« M. Pillet paraît fort scandalisé de ce qu'on s'est tant pressé d'appeler l'attention de l'autorité sur sa gestion et de demander sa survivance.

« M. Pillet devrait savoir que ce n'est pas trop tôt s'y prendre.

« *Robert Bruce, cette cruelle raillerie du prince des mystificateurs*, est anéanti par les scandales, les relâches, les intermittences et les mauvaises recettes, malgré les illusions de M. Pillet. Il n'y a pas un opéra important en répétition ; le grand *portefeuille* est complètement vide, parce que les compositeurs montrent une confiance médiocre dans les ressources actuelles du théâtre.

« La troupe doit être recomposée. Les sujets précieux, ceux que M. Pillet ne sait ni deviner, ni garder, ne sont pas à l'état de grève. Ne pouvant pas attendre la désillusion de M. Pillet ou la nomination de son successeur, ils contractent des engagements avec d'autres théâtres. Donc il faut s'y prendre d'avance. Je parle le langage des affaires théâtrales, et M. Pillet me répond avec amertume.

« Dans sa vie de journaliste il a pris des habitudes de polémique et de lutte.

« La lutte est une noble chose quand il s'agit de défendre une foi religieuse, une conviction politique ; quand on brave l'impopularité, le danger, le martyre pour le triomphe de ses idées : on ne met en jeu que ses idées et sa personne.

« Mais une lutte théâtrale, une lutte contre le public, une lutte contre des compositeurs qui refusent des partitions, contre des chanteurs qui ne veulent pas venir se fourvoyer sur une scène discréditée ; une lutte qui compromet l'argent d'autrui, une institution grandiose, une riche dotation de l'État ; une lutte pareille est au moins regrettable, et il est à craindre que M. Pillet ne prétende la prolonger.

« Ses illusions ne peuvent pourtant plus durer : de répits en répits, de sursis en sursis, il est arrivé à la limite du possible.

« J'ai usé d'une grande modération dans cette réplique. M. Pillet m'appelle étourdi, je lui permets de se prendre au sérieux, je vais même jusqu'à trouver sa gestion malheureuse et triste.

« Veuillez agréer, etc.

« DUPONCHEL. »

RÉPLIQUE DE M. LÉON PILLET

A la deuxième proclamation de M. Duponchel

A SES CONCITOYENS.

Le Siècle du dimanche 14 mars publiait la lettre suivante :

« A M. le Directeur du Siècle.

« Monsieur,

« Je regrette beaucoup d'être encore obligé d'occuper vos lecteurs de M. Duponchel et de moi ; contraint de le faire, je tâcherai du moins que ce soit pour la dernière fois.

« Dans l'impossibilité de réfuter en quelques pages toutes les assertions de M. Duponchel, je m'étais borné au côté moral de l'affaire ; quant aux critiques si convenablement placées dans sa bouche, il m'a semblé que ce n'était pas avec lui que je les devais discuter. M. Duponchel a le droit de faire à mon égard tout ce que ne lui interdisent pas sa conscience ou la loi, et je me réserve celui d'appeler les tribunaux à juger s'il n'a pas sur ce point dépassé la limite ; mais il ne lui appartient ni de m'interroger ni de me forcer à engager avec lui une polémique qui tomberait dans le ridicule.

« Quant à ce qui concernait, non pas l'habileté, mais l'honneur de l'homme, mais la probité de ses amis, c'est autre chose : il me trouvera toujours sur ce terrain.

« M. Duponchel tient pour *obscures* et *embarrassées* les explications que j'ai données sur ma manière d'entrer à l'Opéra. Je les croyais, moi, fort claires. Elles sont sous les yeux du public : c'est à lui d'en juger ; je ne les reproduirai pas.

« Je ferai remarquer seulement que M. Duponchel avait prétendu d'abord s'être abouché à moi pour transiger, d'après les conseils de M. Aguado épouvanté. Aujourd'hui que cette fable est abandonnée, M. Duponchel imagine de prétendre que *j'intriguais pour le déposséder par des voies tortueuses, au lieu de m'adresser à lui, que je devais prévenir le premier.*

« Oui, j'aurais dû m'adresser d'abord à M. Duponchel, si M. Duponchel avait été le véritable intéressé. —Non, du moment où j'acquérais la conviction que M. Duponchel n'était qu'un *prête-nom.*

« Mais, dit M. Duponchel, si je n'étais qu'un *prête-nom*, comment M. Aguado eut-il besoin plus tard de mon consentement pour traiter avec vous ?

« Ici, je touche à une explication délicate, et je m'efforcerai de me faire comprendre sans sortir des limites que je dois m'imposer.

« Je suppose que M. Aguado eût dit de M. Duponchel : « *Ne nous occupons pas de lui; il m'a vendu tous ses intérêts dans l'affaire; seul je cours depuis long-temps toutes les chances de perte. M. Duponchel n'est plus, à mon égard, qu'un employé. Je l'ai conservé parce qu'il était titulaire du privilége et qu'il ne me convenait pas de me mettre en nom; mais j'ai sa parole de se retirer avec moi, quand je voudrai me retirer. Je n'ai acheté l'affaire qu'à cette condition.* »

« Supposons maintenant qu'au moment de se retirer et de réclamer la parole de M. Duponchel, M. Aguado eût trouvé M. Duponchel complètement *oublieux* de cette partie verbale du traité ? Tout s'expliquerait, tout serait parfaitement simple.

« Eh bien! je puis déclarer à M. Duponchel, non pas qu'il s'est conduit de la sorte avec M. Aguado, parce que, je le répète, je ne puis garantir que ce dont j'ai pris une connaissance personnelle, mais qu'il avait eu le malheur de se mal expliquer ; car, par suite de ce malentendu, M. Aguado se croyait bien fermement, à l'égard de M. Duponchel, dans la situation que je viens d'être obligé d'exposer.

« Une autre conséquence de ce malentendu fut que, me croyant, ainsi que M. Aguado, forcé de subir l'association de M. Duponchel, je ne voulus la subir que le moins possible. Voilà pourquoi ayant fait mettre dans le traité, qu'à l'exception de la direction du matériel, je me réservais *exclusivement* tous les autres pouvoirs, je maintins l'*exclusion* avec un soin extrême ; voilà pourquoi je me trouvai suffisamment autorisé à ne jamais consulter M. Duponchel sur ce qui ne dépendait pas de ses attributions.

« Pour prouver le triomphe de ce qu'il appelle mes intrigues, qui m'auraient fait dispenser de toute mise de fonds, M. Duponchel invoque un article de l'acte social, où il serait dit, selon lui, que M. Léon Pillet n'apporte que *son* industrie !

« M. Duponchel *oublie* le texte de cet article. Il n'y est pas parlé de M. Léon Pillet seul ; il y est dit que *MM. Duponchel et Léon Pillet apportent* LEUR *industrie et leurs droits à l'exploitation de l'entreprise, et qu'*ILS NE SERONT QUANT A PRÉSENT *tenus d'aucune mise de fonds.*

« Ma position dans l'affaire est facile à comprendre. Tant qu'il s'était agi de traiter avec M. Aguado de la cession pure et simple de l'entreprise, je n'avais pas dû m'occuper avec lui de prolongation de privilége ; forcé par le *malentendu* qui survint bientôt entre M. Duponchel et lui de former une association, que je n'avais pas désirée et à laquelle je ne me résignais pas sans regret, je déclarai à M. le ministre de l'intérieur que, vu l'état de l'affaire, qui entrait dans la voie des pertes, je ne pouvais pas me charger de la direction si la société n'avait pas un bail plus long. Ce fut alors que M. le ministre de l'intérieur accorda à *notre société* une prolongation *qui fut mise en commun et profita à M. Aguado et à M. Duponchel aussi bien qu'à moi-même;* car je ne la demandai pas, moi, pour la *revendre*, mais bien pour l'exploiter avec mes nouveaux associés. Encore, par suite de la position qu'il s'était faite, et que M. Aguado s'était vu forcé d'accepter, M. Duponchel n'avait-il aucun risque à courir. Il était stipulé, à l'article 6, que jusqu'à épuisement de la commandite, *elle répondrait de la portion de pertes qui pourrait lui incomber.* D'où il suit clairement que dans cette association il n'y avait, à vrai dire, que deux associés sérieux.

« Ce qui n'empêcha pas plus tard M. Duponchel, qui avait déjà vendu l'entreprise à M. Aguado, de me vendre le plus sérieusement du monde tout ce qu'il avait su s'y faire réserver. D'où je conclus, à l'honneur de M. Duponchel, que si l'on a eu tort de le taxer d'étourderie, on a eu raison du moins de ne jamais le soupçonner de défaut de soins relativement à ses intérêts.

« M. Duponchel demande pourquoi M. Aguado n'a mis dans notre association nouvelle qu'une commandite de 150,000 fr.?

« Par une raison bien simple, c'est que je n'en demandais pas davantage; voulant rester entrepreneur sérieux, voulant par conséquent conserver une part importante dans l'affaire, je ne devais pas augmenter celle de M. Aguado en acceptant une commandite plus considérable qui lui aurait valu des avantages corrélatifs.

« M. Duponchel se flatte de m'embarrasser beaucoup en me demandant ce qu'est devenue la commandite de M. Aguado.

« Je n'éprouve, quant à moi, aucune répugnance à le lui dire, parce qu'à cet égard, j'ai la conscience doublement en repos.

« En 1842, à l'époque de la mort de M. Aguado, quand les héritiers firent procéder à la liquidation, il incombait au commanditaire une perte de 138,000 fr.

« Peut-être M. Duponchel était-il moins étranger à ce malheur qu'il n'affecte de le croire, puisqu'en 1840, au point où me fut laissée l'affaire, je démontrai le plus clairement du monde à M. Aguado et au ministre que, pour la première année seulement, une perte de plus de 100,000 fr. était inévitable.

« Peut-être serais-je en droit de dire à M. Duponchel qu'ayant couru, pour ma part, avec M. Aguado, toutes les chances de perte, comme celles de bénéfice, j'aurais pu sans crainte laisser un plus riche que moi supporter les conséquences de notre traité. Je ne le voulus pas. J'avoue que l'exemple de M. Duponchel gagnant 240,000 fr., tandis que son associé les perdait, et encaissant en outre 105,000 fr. par suite d'un malentendu, ne suffisait pas à m'épargner tout scrupule. Je me disais : « L'entreprise est en perte aujourd'hui, peut-être sera-t-elle en bénéfice dans quelques années, et je serais fâché, si je devais réussir un jour, d'avoir vu mon associé subir une perte quelconque. »

« Aussi m'empressai-je de faire à la succession une offre dont j'ai conservé la preuve écrite : c'était de déchirer tous les actes de société passés jusque-là entre M. Aguado et moi; c'était de prendre l'affaire à mon compte dès le commencement, comme si M. Aguado n'y avait jamais participé.

« Cette offre, dans le moment où je croyais devoir la faire, équivalait à celle de prendre à ma charge les 138,000 fr. de perte qui frappaient la commandite !

« Par des conseils qu'il ne m'appartient pas d'apprécier, elle fut refusée. L'affaire alors dut suivre son cours, et le résultat fut pour la succession Aguado une perte que j'avais offert de lui épargner !

« Je n'ai pas entendu dire que M. Duponchel eût jamais offert de rendre à M. Aguado tout ou partie des 240,000 francs que M. Aguado avait perdus pendant que son associé les gagnait !

« M. Duponchel prétend qu'en parlant de la vente à moi faite par lui, en 1842, de ce qui lui restait dans l'entreprise de l'Opéra, j'ai tronqué à dessein notre acte de séparation.

« M. Duponchel se trompe ! Il n'est pas dans mes habitudes de m'exposer à des reproches d'inexactitude ou de falsification ! J'ai cité *textuellement* l'article qui contenait les conditions de la vente; j'avais négligé, il est vrai, un autre article relatif au même objet, croyant que le premier suffirait à M. Duponchel; M. Duponchel veut plus : je m'empresse de le satisfaire.

« Voici un paragraphe textuel du préambule :

« Par des considérations particulières, M. Duponchel ayant
« consenti à se retirer de la dite société, le 31 mai prochain, et,
« à compter de cette époque, à abandonner entièrement tous *les*
« *droits résultant en sa faveur de l'acte du 7 juin 1840, et de*
« *toute concession du privilège d'exploitation du théâtre de*
« *l'Opéra, les parties ont réglé de la manière suivante leurs*
« *droits respectifs !* »

Est-ce assez clair? M. Duponchel m'accusera-t-il encore de tronquer mes citations?

« Mais, dit M. Duponchel, M. Léon Pillet lui-même a déclaré dans son mémoire *qu'il avait mieux aimé capitaliser le traitement auquel j'avais droit, et me le payer en pure perte, que de me conserver à l'Opéra, même dans la direction du matériel ! Donc, je n'ai rien vendu.*

« La logique de M. Duponchel ne me paraît pas meilleure que sa mémoire.

« Oui, j'ai dit et je répète que M. Aguado et moi nous avons mieux aimé payer M. Duponchel dehors que dedans ; mais cela veut-il dire que M. Duponchel, qui n'avait pas l'habitude de se prêter gratuitement aux désirs de M. Aguado, fût plus disposé à me faire des concessions ? Cela veut-il dire qu'il m'ait fait grâce d'aucun des droits qu'il avait conservés ?

« L'acte de vente est là pour prouver le contraire. Les quittances de M. Duponchel sont en mes mains ; elles constatent qu'il a reçu de moi 105,000 fr. pour prix de tous les droits et avantages qu'il possédait dans l'entreprise. Elles constatent par conséquent que j'ai payé à M. Duponchel, non-seulement la part d'intérêt qui lui restait, mais son traitement de directeur du matériel, bien qu'il n'eût plus de matériel à diriger ; — une indemnité de logement, de chauffage et d'éclairage, bien qu'il ne dût désormais ni loger ni se chauffer à l'Opéra ; — et enfin une indemnité annuelle de frais de voitures, bien qu'il n'eût plus de voitures à prendre que pour se promener !..

« Je demande ce qu'il aurait pu me vendre encore.

« Quant aux questions que persiste à m'adresser M. Duponchel sur ce que je compte faire dans ma direction, sur les ressources que je possède, sur les ouvrages que je prépare, etc., etc., je m'étonne qu'il ait assez peu le sentiment des convenances pour se les permettre dans la position qu'il a prise.

« Je n'ai qu'un mot à répondre : *Cela ne le regarde pas.*

« Veuillez agréer, Monsieur, l'assurance de ma considération la plus distinguée.

« Léon PILLET. »

— FEUILLETON DU SIÈCLE, DU 21 MARS 1847. —

REVUE MUSICALE.

VI.

Des diverses questions soulevées par M. Duponchel, et notamment : — De l'invincible horreur que la publicité inspire à l'auteur des deux *proclamations* publiées ci-dessus ; — Des droits de la critique à l'égard des administrations de théâtre ; — Nouvelle méthode arithmétique pour mesurer la confiance des capitalistes ; — Rappel à la véritable question : Les antécédents administratifs de M. Duponchel offrent-ils les garanties de capacité exigées de la part d'un candidat à la direction ? — État du répertoire et du personnel laissés par M. Duponchel à M. Pillet ; — État du personnel et du répertoire que M. Pillet ne laissera probablement pas à M. Duponchel ; — Le ministère de 1840 était-il un affreux menteur à l'égard de M. Duponchel ? — De notre *Revue musicale*, considérée comme *écho* du *Bulletin des lois* ; — Des causes de notre préférence pour M. Pillet ; — *Prodigalités* passées et *magnificences* futures de M. Duponchel ; — A combien de francs M. Duponchel estime le talent de Mme Stoltz ; — Complainte sur les lamentables infortunes de Duprez ; — De l'étrange aversion de M. Duponchel, dessinateur, pour la *perspective* ; — Nouvelle recette de M. Duponchel pour se procurer de bons ouvrages, avec la manière de ne pas s'en servir ; — Conclusion.

La sinistre prédiction de M. Duponchel ne s'est point accomplie ; Dieu en soit loué ! « J'ai mesuré toutes les conséquences ty-
« pographiques de ma réclamation, » nous dit-il malignement ;
« vous en avez pour long-temps, Monsieur ; M. Pillet répondra :
« c'est de la *copie* pour un mois qui vous arrive. Que vos lec-
« teurs vous le pardonnent ! »

Nos lecteurs nous l'ont pardonné certainement, car ils ont dû prendre plaisir au débat provoqué par M. Duponchel et accepté par M. Léon Pillet ; et, au lieu d'un mois de copie forcée, ce qui eût risqué d'être excessif, ils en auront été quittes pour cinq jours, y compris celui-ci, qui sera le dernier. Les convenances ne nous ont pas permis de mêler plus tôt notre voix à celle des deux adversaires : c'eût été pratiquer mal l'hospitalité ; nous avons dû attendre le retour périodique de notre *Revue musicale*. Aujourd'hui donc que leur polémique est close, nous pouvons sans scrupule revenir sur certaines questions d'intérêt général, et répondre à ce qui nous concernait particulièrement dans la correspondance de M. Duponchel.

Les personnes qui peut-être nous ont fait l'honneur de lire avec quelque attention les cinq premiers numéros de cette *Revue*, comprennent, aussi bien que nous maintenant, tout ce que l'Académie royale de musique a d'importance, non-seulement au point de vue de l'art, mais encore au point de vue de la prédominance de Paris sur toutes les autres capitales. Nous n'avons donc pas besoin de justifier à leurs yeux l'insistance qu'il a fallu mettre tout d'abord à les entretenir de ce premier de nos théâtres. Des circonstances exceptionnelles, inévitables, exploitées simultanément par la rivalité, la bonne foi, l'erreur, la malveillance, la badauderie, etc., avaient fait naître pour l'Opéra un danger que la publicité seule pouvait conjurer. Ce danger, c'était que la direction future tombât dans des mains inhabiles. Nous avons exprimé franchement notre avis sur quelques-uns des innombrables candidats qui brûlaient de secourir cet établissement, dont le véritable péril, en définitive, venait précisément de leur zèle à l'attaquer. Cela nous rappelait ces paladins de roman, qui font enlever leur belle pour avoir le mérite de la délivrer.

Puissions-nous avoir délivré l'Opéra de ses libérateurs !

Or, comme on l'a vu, M. Duponchel, un des plus considérables et des plus justement considérés, a pris prétexte de notre dernier examen pour répondre, bien moins à ce que nous avions dit qu'à ce que nous n'avions pas même songé à dire, bien moins à notre opinion qu'à notre silence. Son but réel était de réfuter le *Compte-rendu* adressé aux membres de la Commission des théâtres royaux par M. Léon Pillet, son successeur, dont il demande la *survivance*. (C'est l'expression dont il se sert à plusieurs reprises, et que nous conserverons pour éviter toute nouvelle réclamation à ce sujet.) *Le Siècle* a dû néanmoins accueillir avec empressement les lettres de M. Duponchel et les répliques de son adversaire, afin que le public pût juger en parfaite connaissance de cause. Malheureusement, sans nous prononcer ici sur la validité des raisons qui ont été alléguées de part et d'autre, et que nous avons livrées purement et simplement à la seule appréciation des lecteurs, nous ne croyons pas manquer à notre impartialité en regrettant que M. Duponchel, dès le premier moment, ait porté la majeure partie du débat sur des questions inutiles, obscures, contradictoires, et assez peu intéressantes pour le vulgaire auquel nous appartenons.

Par exemple :

1° M. Léon Pillet *a-t-il été appelé*, ou bien s'est-il appelé lui-même à la direction de l'Opéra ? En d'autres termes encore, a-t-il été *appelé* ou *introduit* ? Cette distinction a paru fort grave à M. Duponchel. Nous ne pouvons nous empêcher de la regarder comme légèrement oiseuse. — « Vous voyez donc bien, » nous dit M. Duponchel, « qu'on *n'appela* pas M. Pillet, mais qu'il vint ; « qu'il *n'accepta* rien, mais qu'il *demanda* et *obtint*. » — Cette assertion nous semble peu conciliable avec la suivante : « Je fus « donc forcé par M. Aguado d'*aborder* M. Pillet, » etc. Mais au surplus, à supposer que M. Pillet n'ait pas été sollicité, *abordé*, *appelé*, et qu'au contraire il ait *demandé* et *obtenu*, il n'a pas fait autre chose que ce que fait en ce moment M. Duponchel, qui n'est pas *appelé* par M. Pillet, tant s'en faut, et qui *demande*. La seule différence peut-être, c'est que nous ne pensons pas qu'il *obtienne*. Nous accordons à M. Duponchel qu'il y a peu d'*appelés* à la direction de l'Opéra, mais il se convaincra sans doute qu'il y a encore moins d'élus.

2° M. Léon Pillet a-t-il dû son privilége *à la bienveillance extraordinaire* du ministre ? — M. Duponchel opine pour l'affirmative et vitupère fortement cette origine, d'où nous concluons qu'il avait dû le sien *à la malveillance ordinaire* du précédent ministre, ce qui est bien plus méritoire sans doute. En quoi, du reste, pouvait-il être *si extraordinaire* que M. Pillet, commissaire royal, fût nommé directeur ? M. Duponchel l'avait bien été, en l'absence même de cette circonstance atténuante.

3° M. Pillet, ainsi que le lui reproche alternativement M. Duponchel, a-t-il employé ouvertement la violence morale, pour arracher la moitié d'abord, puis la totalité de l'Opéra, aux mains *épouvantées* et tremblantes de M. Aguado? ou bien a-t-il employé *sourdement, dans l'ombre*, pour traiter avec lui, le *circuit tortueux d'un ami commun?* — M. Duponchel oscille entre ces deux hypothèses. Nous les trouvons l'une et l'autre un peu futiles.

4° M. Pillet et M. Duponchel, en qualité de co-directeurs, se consultaient-ils? se comprenaient-ils? s'admiraient-ils? s'adoraient-ils? — Ces divers problèmes sentimentals seraient peut-être curieux à étudier pour un membre oisif de l'Institut historique, mais, à supposer que la *sympathie* ait jamais été *le lien de leurs âmes* directoriales, certes, ils en paraissent trop complètement guéris dans le présent, pour que nous ayons quelque plaisir à en rechercher la trace dans le passé.

5° La principale cause de leurs *dissentiments* était celle-ci, selon M. Duponchel : — « Je voulais de la *magnificence*, » dit-il; « M. Pillet, de la *parcimonie*. » — Nous ne savons trop, à juger d'après les faits, ce que M. Duponchel entend par ces mots. La mise en scène, les décors et les costumes de *Robert Bruce*, pour citer un exemple, accusent assez peu de *parcimonie*, et nous doutons que M. Duponchel ait jamais poussé la *magnificence* aussi loin.

6° M. Aguado estimait-il plus haut la capacité de M. Duponchel, dont il gémissait de se séparer, que celle de M. Pillet, avec lequel il contractait en gémissant? — C'est possible, mais le contraire ne l'est pas moins. Les philosophes ont toujours affirmé qu'il était impossible de conclure entre deux possibilités. Hélas! qui pourra jamais connaître au juste la cause secrète des gémissements d'un banquier, à supposer que les banquiers gémissent? C'est un de ces mystères dont la Providence s'est réservé le monopole.

Et puis, deux faits restent à expliquer dans le système de M. Duponchel : — 1° Comment, ayant à choisir entre deux co-associés qui ne pouvaient s'entendre, M. Aguado, *le financier habile*, a-t-il opté pour celui qui lui semblait être le moins rassurant par ses finances? — 2° Comment, bien long-temps avant l'adjonction de M. Pillet à la direction, M. Aguado, qui avait tant de foi dans les lumières de M. Duponchel, l'avait-il déjà dépossédé de l'administration du personnel pour la confier à M. Édouard

Monnais? Nous signalons encore ces deux questions aux amateurs d'énigmes.

7° M. Léon Pillet a-t-il employé, sur l'imagination de M. Aguado, la séduction? l'intimidation? l'argumentation? la corruption? la persuasion? ou toute autre abomination? — Cette question nous semble peu digne d'enfanter de nouveaux partis en France, où il y en a déjà bien assez !

8° M. Pillet, qui ne pensait nullement à user de la publicité, aime-t-il la publicité autant que M. Duponchel déclare la détester au moment même où il en use, pour inviter son adversaire à en user? — Nous louons M. Duponchel de s'en être servi, car c'est un hommage rendu à la souveraineté du bon sens public ; mais alors pourquoi blâmer ce même usage chez les autres? pourquoi les y provoquer? pourquoi surtout déprécier, en parole, un recours à l'opinion que l'on trouve excellent en fait? Cela n'est pas d'une saine logique. Du reste, cet amour de la publicité, assez naturel chez un ancien journaliste, est un des défauts qu'on reproche le plus à M. Pillet, lorsqu'au contraire on ne lui reproche pas son silence. On ne réfléchit pas à ceci, que pour lui adresser ce reproche, on est obligé de l'encourir soi-même. Mais qu'importe une contradiction de plus ou de moins? C'est une chose irrévocablement convenue : ce directeur *est fort méchant; quand on l'attaque il se défend.*

9° M. Duponchel, qui use de la publicité avec *répugnance*, tandis que M. Pillet en use avec *amour*, s'afflige à ce sujet de ce que nous l'avons appelé à comparoir, pour la première fois de sa vie, *à la barre de l'opinion publique*, et cela par de *rudes attaques* et des *personnalités railleuses*. — Nous sommes désolé d'avoir troublé sa quiétude et d'avoir occasionné *tout ce bruit, tout ce tapage* autour de ce qu'il appelle trop modestement son obscurité ; mais c'est sa faute et non la nôtre. Et à ce propos, nous dirons que messieurs les directeurs de théâtre, passés, présents, futurs, en retraite, en exercice et en expectative, se font en général une assez fausse idée des droits de la presse à leur égard. Ils daignent tolérer, ou à peu près, que l'on constate le succès ou la chute de leurs pièces nouvelles, — le succès surtout, — mais ils se hâtent de crier : « Halte-là ! » à la critique, aussitôt qu'elle veut passer, de sa stalle d'orchestre, dans leur cabinet d'administration. C'est une erreur. La juridiction de la presse s'étend sur leur gestion tout entière. Les théâtres existent en vertu de priviléges ; les directeurs sont par conséquent de véritables fonctionnaires publics ; leur nomination fait partie de la responsabilité ministérielle : la presse peut donc examiner leurs titres, contrôler leurs actes, blâmer leur conduite administrative. C'est même plus qu'un droit pour elle, c'est un devoir ; et, lorsqu'il s'agit de théâtres subventionnés, tels que l'Odéon, l'Opéra-Comique, le Théâtre-Français et l'Opéra, chacun exerce ce droit, chacun remplit ce devoir, non pas seulement comme critique, mais encore comme contribuable. Voilà pourquoi nous avons dû examiner tout à la fois la gestion de M. Pillet, les garanties offertes par l'incommensurable fourmillière de ses concurrents en général, et les antécédents administratifs de M. Duponchel en particulier. M. Duponchel se plaint injustement de la forme employée par nous dans l'accomplissement de ce devoir. Nous y avons apporté toute la courtoisie qui est dans les habitudes invariables du journal où nous avons l'honneur d'écrire. Nous avons *raillé* ses plans directoriaux, il est vrai ; et nous avouons même qu'ils nous attristent moins que jamais aujourd'hui ; mais nous avons rendu, et nous continuerons de rendre à son caractère et à sa personne toute la justice qui leur est due.

10º. Dans son horreur de la publicité dont il use, M. Duponchel reproche à son *survivant* d'avoir annoncé, il y a cinq ans, la prochaine représentation d'un ouvrage sur lequel il pouvait pouvoir compter. « Un directeur de l'Opéra, dit-il, ne me semble « pas un personnage assez important pour qu'il ait le droit d'a-« dresser des *proclamations à ses concitoyens* à propos d'affaires « de coulisses. » — Ainsi, lorsque les directeurs envoient des notes aux journaux, ce ne sont pas de simples réclames qu'ils font, ce sont des *proclamations à ses concitoyens !* A ce compte, M. ponchel, qui ne s'en privait point, et il avait raison, M. Duponchel l'emporte singulièrement sur Napoléon lui-même, qu'on avait regardé jusqu'à ce jour comme le plus fécond des proclamateurs.

M. Duponchel complète sa pensée par cet axiome remarquable, à l'usage d'un directeur : « Heureux, il doit se taire ;

8

« malheureux, ne pas s'excuser. » Cela nous rappelle ces beaux vers de M. Scribe :

> Un soldat doit se taire
> Sans murmurer.

Mais, en ce cas, nous demanderons à M. Duponchel dans quelle circonstance un directeur peut prendre la parole. M. Duponchel doit le savoir, lui qui *parle* et *s'excuse* en ce moment même, quoiqu'il ait été *heureux* selon lui, et *malheureux* selon les autres.

11° M. Aguado n'avait-il que pour *cent cinquante mille francs* de confiance dans l'*habileté* de M. Pillet, tandis qu'il en avait pour *trois cent mille* (juste le double) dans l'*habileté* de M. Duponchel ? — Mais d'abord il nous répugne singulièrement de penser que la confiance soit un sentiment qui se coupe par morceaux plus ou moins longs, comme le calicot, selon le prix qu'on y veut mettre. — Et puis, à supposer que la réduction d'une commandite ait, sous ce rapport, une signification quelconque, cette réduction indiquerait tout aussi bien une augmentation qu'une diminution de confiance. Le commanditeur, en effet, pourrait diminuer la commandite, dans l'espoir que le nouveau commandité pourvoirait à la prospérité de l'entreprise par son talent avec une somme inférieure de moitié, tout aussi bien que le prédécesseur le pouvait faire avec le double de cette somme. — Enfin, s'il était vrai que le chiffre d'une commandite dût servir d'échelle pour toiser la foi du commanditeur dans le commandité, voici quelle serait la conséquence rigoureuse de ce principe : — Au dire de M. Duponchel, M. Pillet, commandité de cent cinquante mille francs seulement, est le plus monstrueusement inhabile des hommes. Très-bien. C'est consacré. Mais cela posé, M. Duponchel, commandité du double, aurait donc une demi-monstrueuse inhabileté ? en d'autres termes, M. Pillet serait donc simplement une fois plus inhabile que M. Duponchel, et M. Duponchel serait donc inhabile de la moitié de l'inhabileté de M. Pillet ? Si nous pouvions prendre au sérieux ce système d'arpentage en matière de capacité, nous dirions que l'incapacité de M. Pillet est si effroyable, de l'avis unanime de M. Duponchel, qu'en vérité, pour la splendeur de l'Opéra, ce serait déjà beaucoup trop de la moitié !

12° M. Duponchel reproche à son *survivant* de trouver la troupe actuelle *satisfaisante*, et il lui reproche un peu plus haut d'en faire *très-bon marché* dans son *Compte-rendu*; et de ne *ménager aucun des artistes* qui la composent. Suite du pataquès que nous avons déploré dans notre précédent article.

13° M. Duponchel déclare à tort qu'il ne *lui appartient pas de critiquer la gestion de M. Pillet*, et il ne fait pas autre chose. Il ajoute, avec raison, qu'il n'a jamais songé à faire lui-même l'éloge de son administration, et sa lettre, ou plutôt sa *proclamation* d'aujourd'hui, n'a pas d'autre but, ce nous semble. Suite de la suite de ce même pataquès.

Bref, malgré l'intérêt palpitant que M. Duponchel a cru y voir, tous ces problèmes, et beaucoup d'autres, nous paraissent étrangers à la véritable question. M. Duponchel nous permettra donc de la rétablir.

Il s'agit du privilége de l'Opéra qui expire dans quinze mois et que tant d'ambitions convoitent en ce moment. M. Duponchel nous demande *s'il y a une considération de convenance qui lui interdise de se poser comme le survivant de son successeur.* — C'est un point dont le public seul est juge désormais.

M. Duponchel s'informe ensuite s'il n'a pas *le droit comme tout le monde* — (comme tout le monde est une expression singulièrement juste ici!) — *de demander la survivance de celui qui lui a survécu.* — De la demander, oui, tous les Français étant également admissibles aux emplois civils, militaires et dramatiques; mais de l'obtenir, non, d'habiles antécédents étant de rigueur.

M. Duponchel répond à cela que *sa gestion a été heureuse*. Heureuse pour lui, soit! mais pour l'Opéra, non! Les faits le prouvent!

M. Duponchel avait reçu de son prédécesseur une troupe excellente, où l'on remarquait en première ligne : Nourrit, Levasseur, Mlle Falcon, Mme Damoreau et Mlle Taglioni. Il l'enrichit encore par l'engagement de Duprez, engagement dont il se fait maintenant un titre à l'admiration, tandis qu'à bien examiner cet acte, ce fut, pour ainsi dire, l'application du lansquenet aux affaires de théâtre. L'immense succès du nouveau venu donna raison au hasard contre la sagesse, mais nous ne pouvons pas plus louer M. Duponchel de cette bonne carte administrative, que nous ne louerions un joueur d'avoir gagné un quine à la loterie. C'est un coup de bonheur, voilà tout. Nous nous sentons même à peine le courage de l'en féliciter, en songeant que Nourrit, ce grand artiste à qui l'Opéra devait tant de reconnaissance, s'en alla mourir de ce succès loin de sa patrie. Quoi qu'il en soit, heureux ou habile sous ce rapport, quel fut le personnel que M. Duponchel légua de son côté à M. Pillet? On n'y voyait plus Nourrit, ni Mme Damoreau, ni Mlle Falcon; le nazillement de Levasseur commençait à tourner au tuyau d'orgue; — Duprez conservait son impérissable talent, mais son organe s'ébréchait déjà; — Mario, que M. Duponchel regarde maintenant comme le *premier ténor de l'Europe*, ce qui nous fait supposer que Rubini et plusieurs autres sont allés se fixer en Chine; Mario, peu familiarisé avec notre langue, gauche en scène, monotone, languissant, n'obtenait qu'un froid accueil, malgré le charme un peu champêtre de sa voix; — Poultier n'avait jamais réussi que dans un seul morceau, l'air du sommeil de *la Muette*; c'était un phénomène usé; — Mme Dorus n'était qu'un souvenir affaibli de Mme Damoreau; — enfin, Taglioni et Elssler étaient parties, l'une pour la Russie, l'autre pour l'Amérique, et la gloire du corps de ballet reposait tout entière sur Mlles Fleury, Pauline Leroux et Louise Fitzjames! — Nous ne recherchons pas ici les causes de ce dépérissement général du personnel : nous voulons même l'attribuer à l'imprévoyance bien moins qu'à la *fatalité cabalistique* dont parle ailleurs M. Duponchel; mais nous devions le constater.

Voyons maintenant ce que M. Pillet laisserait à son tour à M. Duponchel, son *survivant*. On ne saurait contester qu'avec Petipa et Mlles Dumilâtre, Maria, Robert, Fabri, Plunkett, Fuoco et Carlotta Grisi, le corps de ballet soit aujourd'hui le meilleur que puisse offrir un théâtre *permanent*. La troupe vocale est moins brillante, et cependant, soyons justes, un personnel qui comprend, en ténors, Duprez, Bottini et Bordas (1); — en basses, Anconi, Serda, Brémont, Bessin et Alizard (2); — en cantatrices,

---

(1) Cet artiste vient de faire preuve de qualités très-distinguées dans *la Reine de Chypre*, où il a débuté vendredi dernier, 9 avril.
(2) Alizard a fait sa rentrée le 12 avril, par le rôle de Bertram, auquel il a donné

Mme Stoltz, Mlle Nau et Mme Rossi-Caccia, avec Mmes Dobré, de Roissy, Moisson et Dameron, pour doubles ; — enfin, en barytons, MM. Ferdinand Prévost, Porthéaut et Barroilhet ; — ce personnel, sans contredit, renferme déjà de très-bons éléments qui ne demandent qu'à être complétés aussitôt que les circonstances le permettront. Ce qu'il importe de trouver, d'inventer même, pour un avenir assez prochain, c'est un ténor de premier ordre qui puisse remplir la place que Duprez laissera vacante ; et ce qu'il faudrait pour le présent, c'est un soprano, également de premier ordre, qui occupât la partie du répertoire interdite au mezzo soprano de Mme Stoltz. Certes, ce n'est pas le bon vouloir qui a manqué au directeur pour combler ces importantes lacunes. La preuve en est dans l'engagement de Gardoni, de Bettini, de Bordas, de Mme Rossi-Caccia et de tant d'autres, ainsi que dans les propositions faites à Fraschini, à Jenny Lind et à Mme Viardot. Mais ce qui n'a pas été praticable jusqu'à présent le deviendra sans aucun doute, et l'on nous permettra d'avoir sur ce point autant de confiance dans le zèle éprouvé de M. Pillet, que dans le zèle possible de M. Duponchel. Tel qu'il est, en effet, le personnel composé par le premier ne l'emporte-t-il pas déjà sur celui qu'avait laissé le second ? Répétons que l'orchestre est parfait, et que les chœurs sont supérieurs à ce qu'ils furent jamais. Donc, à tout prendre, si les gens qui ne jugent que le résultat, sans se préoccuper des facilités ou des obstacles, refusent de tenir compte à M. Pillet des efforts incessants et coûteux qu'il a faits vainement pour introduire dans le personnel chantant toutes les améliorations désirables, ils doivent du moins lui savoir gré de celles qu'il est déjà parvenu à réaliser.

M. Duponchel ne partage point cet avis, et il reproche à M. Pillet de détériorer sans cesse le personnel, tandis que lui l'améliorait sans relâche. Nous pourrions ici reproduire une de nos questions et demander à M. Duponchel pourquoi, cela étant, M. Aguado

---

une physionomie toute nouvelle. Il y a obtenu un très-grand succès. — Disons aussi que Bettini a chanté hier, 16 avril, le rôle d'Othello d'une manière vraiment remarquable. On peut prédire un bel avenir à Bettini.

avait confié à M. Edouard Monnais, nous a-t-on dit, la direction de ce même personnel, long-temps avant l'*introduction* de M. Pillet. Mais ne nous occupons que des faits relatifs à ce dernier. En exemple de ce système de détérior...., qui serait passablement insensé chez un directeur, M. Duponchel cite les *persécutions* dont M. Duprez serait victime de la part de M. Pillet. Comme nous voyons M. Duprez faire exactement son service, obtenir encore de très-vifs applaudissements, et jouir, heureusement pour nous, d'une parfaite santé de corps et d'esprit, nous avons dû prendre des renseignements pour savoir ce qu'on entendait par les *persécutions* de M. Pillet envers son infortuné pensionnaire. On nous a révélé à ce sujet les trois horreurs suivantes : 1° M. Pillet aurait destitué M. Duprez des grandes majuscules sur les affiches du théâtre, afin d'avoir de moins belles recettes ; 2° M. Pillet supprimerait une partie de la claque les jours où M. Duprez chante, afin d'avoir de moins brillantes représentations ; 3° M. Pillet ne saluerait plus M. Duprez depuis deux ans. Du reste, le roi des ténors continuerait de recevoir très-exactement les douze termes de sa liste civile. Le pauvre homme ! Nous ne savons trop que penser en ce qui concerne la suppression des majuscules et de la claque ; mais quant à l'insalutation de M. Duprez, il faut bien croire que cette *persécution* est réelle. Et d'abord c'est imprimé : un journal vient de le dire, et l'on sait que les journaux ne disent jamais que la vérité. Et puis personne n'ignore que ce refus de saluts et de risettes a déjà été la seule cause du départ de Gardoni, le plus saluant et le moins salué des ténors. Décidément, M. Pillet ne persécute pas ses artistes d'assez de sourires et de coups de chapeau ; et cela explique pourquoi une feuille légère disait gaîment, l'autre jour, que l'Opéra n'avait pas la moindre chance de *salut* avec le directeur actuel. Mais continuons.

Mme Stoltz n'est aux yeux, ou plutôt aux oreilles de M. Duponchel, qu'une chanteuse de trente-sixième ordre. M. Duponchel l'estime à *trois mille francs d'appointements fixes*. C'est assez peu, surtout de la part d'un candidat qui vante sa *magnificence* passée, et qui serait encore à l'avenir, dit-il , *un intermédiaire magnifique, prodigue même, entre le travail des uns et les plaisirs du public*. Certes, nous qui tâchons de rester en toutes choses dans la juste mesure, nous qui ne sommes pas plus les admirateurs quand même de Mme Stoltz que ses détracteurs systématiques, nous ne plaçons point déjà Mme Stoltz au rang des Pasta, des Pisaroni et des Malibran. Ces grandes chanteuses n'ont pas jusqu'ici d'héritières. Jenny Lind, à la juger d'après tout ce qu'on dit d'elle, et que n'en dit-on pas ! Jenny Lind est plus actrice que chanteuse ; sa voix est expressive, mais d'une faiblesse qui lui fait redouter la vaste salle de notre Opéra. Mme Pauline Viardot est la seule qui touche dès aujourd'hui à cette belle succession. L'Allemagne et la Russie le pensent ainsi. Reste à savoir si Paris confirmera leur jugement. C'est une épreuve importante que nous hâtons de nos vœux. Enfin, nous ne plaçons pas même encore Mme Stoltz sur la ligne de Grisi. Si elle l'égale comme expression dramatique, si même elle sait composer un rôle d'une manière plus complète et plus profonde, elle lui est encore inférieure comme vocalisation. Mais, à côté de quelques défauts qui tiennent uniquement à l'exagération de ses meilleures qualités, et dont, bien conseillée, elle se corrigerait facilement, Mme Stoltz a des dons éminents qu'on ne saurait contester sans ridicule, et qui justifient son titre de premier rôle. Vous trouverez des voix plus également belles que la sienne, vous trouverez des styles plus corrects que le sien ; mais pour l'énergie, la passion, le lyrisme tragique, combien en trouverez-vous qui la surpassent? combien même en trouverez-vous qui la vaillent? Quant à nous, Mmes Viardot et Grisi exceptées, nous n'en connaissons pas une seule. Or, la *magnificence* de M. Duponchel estime tout cela *trois mille francs!* Ce ne peut être qu'une boutade. Si sa *prodigalité* de Mécène *prodiguait* sérieusement mille écus à l'actrice qui a créé *la Favorite*, *la Reine de Chypre*, *Odette*, *Desdémone* et *Marie*, ce ne serait plus une opinion, ce serait une infirmité.

Reste à savoir si de telles boutades, à l'égard d'une artiste de cette valeur, sont d'excellentes garanties d'impartialité, sous la plume d'un candidat à la direction.

Au surplus, tandis que nous écrivons ces lignes, Mme Stoltz annonce irrévocablement sa retraite. Le rôle de prétexte ne lui convient pas. Elle a raison. Sa détermination est pleine de dignité. C'est une noble manière de répondre à toutes les clabauderies dont elle est l'occasion.

Nous lisons ce matin dans les journaux une lettre où elle déclare renoncer à la position brillante qu'elle avait conquise à l'Opéra, et même aux *magnifiques trois mille francs* de l'ancien directeur (1).

Vous entendrez dans six mois (2) ses plus acharnés déprécia-

---

(1) Lettre de Mme Stoltz au président de la Commission des théâtres royaux :

« Monsieur le président,

« En butte depuis long-temps à des calomnies que je ne puis supporter; signalée comme un obstacle à l'avènement de tout talent nouveau, je ne puis résister au besoin que j'éprouve d'opposer à des accusations injurieuses la seule réponse qui convienne à mon caractère.

« Mon engagement n'expire qu'en juin 1848; mais, dans la disposition d'esprit où m'ont su mettre des persécutions dont on reconnaîtra plus tard l'injustice, il m'est tout-à-fait impossible de le continuer.

« Je l'ai déclaré formellement à M. le directeur, et crois devoir en informer la Commission, bien décidée à plutôt payer mon dédit que de rester plus long-temps exposée au soupçon d'être un obstacle à la prospérité de l'Opéra.

« Si je ne consultais que mon désir et mes intérêts, je n'hésiterais pas à m'éloigner sur-le-champ; mais je ne veux pas donner l'apparence d'un coup de tête à une résolution bien mûrement réfléchie. Je croirais en outre manquer au premier de mes devoirs envers le public et envers la direction, en entravant le répertoire par un départ subit. Je continuerai donc loyalement mon service pendant le temps nécessaire à mon remplacement. S'il faut rester un mois encore, je resterai; mais, dès à présent, je mets, quant à moi, tous mes rôles à la disposition immédiate de toute artiste que l'on jugera convenable d'y faire débuter.

« Auriez-vous, Monsieur le président, la complaisance de communiquer cette lettre à la Commission, pour qu'aucun de messieurs les membres dont elle se compose ne puisse se méprendre sur la cause de ma résolution.

« Agréez, Monsieur le duc, l'assurance du respect de votre très-humble servante. « Rosine STOLTZ.

« Paris, 18 mars 1847. »

(2) Cette prédiction s'est accomplie bien plus tôt que nous ne le pensions ici. Nous avons assisté aux dernières représentations de Mme Stoltz. C'est avec un véritable enthousiasme qu'elle a été applaudie dans *la Reine de Chypre*, dans *la Favorite*, dans *Robert Bruce* et dans *Othello*. Cet enthousiasme était juste. Nous en appelons à tous ceux qui l'ont vue et entendue. Elle s'est montrée grande actrice et grande cantatrice dans toute la signification scénique de ces mots. Mlle Falcon, dans ses plus beaux jours, ne chantait pas mieux et ne jouait pas aussi bien. La retraite de Mme Stoltz est un malheur pour l'Opéra. Nous souhaitons qu'il soit réparable, mais nous n'osons l'espérer. (*Vendredi 16 avril 1847.*)

teurs regretter vivement sa présence, et s'écrier : — « Ah ! si nous
« avions Mme Stoltz !.... Comme elle disait mieux ceci ! comme
« elle jouait mieux cela ! M. Pillet est un grand malhabile de l'a-
« voir renvoyée ! »

Car dans six mois ce sera M. Pillet qui aura renvoyé Mme
Stoltz (1).

Il y a des journaux qui lui reprochent déjà d'avoir mis Gardoni à la porte (*Historique*).

En attendant, l'Allemagne et la Russie réservent assurément un très-flatteur accueil à l'exilée volontaire. Le Czar, dont l'amour-propre doit souffrir horriblement des *magnificences* artistiques de M. Duponchel, ne saurait manquer d'offrir à Mme Stoltz de très-beaux avantages, ne fût-ce que pour prendre une bonne fois sa revanche des *prodigalités* de son fastueux rival.

Comparons maintenant le répertoire de M. Duponchel et celui de M. Léon Pillet.

Un seul opéra est resté de tous ceux qu'a donnés M. Duponchel ; cet opéra s'appelle les *Huguenots*, et avait été préparé par l'administration antérieure.

M. Pillet a obtenu trois succès en ce genre, avec *Charles VI*, *la Reine de Chypre* et *la Favorite*, sans compter celui de *Robert-Bruce*, qui nous semble destiné à les surpasser, aussitôt que M. Duponchel daignera *prodiguer* son suffrage à cette admirable transformation de *la Donna del lago*.

Nous devons aussi mentionner l'appropriation à la scène de l'Opéra, de la *Lucie* de Donizetti, de l'*Othello* de Rossini, et du *Freyschütz* de Weber. Ce sont là des emprunts qui enrichissent une direction. C'est pour ce même motif que nous tenons compte à M. Véron de la mise en scène du *Don Juan* de Mozart.

M. Duponchel a fait jouer huit ballets : *L'Ile des pirates, le Diable boiteux, la Fille du Danube, la Chatte merveilleuse, la Gypsi, la Tarentule, la Volière* et *les Mohicans.*—Le *Diable*

---

(1) *Le Constitutionnel* du samedi, 19 mars 1847, contenait ce fait-Paris : « Mme Stoltz, *suivant l'exemple donné par Gardoni*, vient de résilier son engagement avec l'Opéra. » C'est ainsi qu'on écrit l'histoire !

boiteux seul a obtenu un succès durable. Les autres ont disparu sans retour.

M. Pillet en a donné neuf : *Le Diable amoureux, la Jolie fille de Gand, Lady Henriette, Eucharis, Paquita, Betty, le Diable à quatre, Giselle* et *la Péri*. Huit ont réussi, et les trois derniers surtout sont allés jusqu'au succès de vogue.

M. Duponchel voulait des faits. Nous venons de le servir selon son vœu. Nous demandons à tout esprit équitable si la comparaison n'est pas ici complètement favorable à l'administration actuelle, et si l'ordonnance de 1840 n'a pas justement traité de *peu satisfaisant* l'état de choses laissé par la précédente administration. M. Duponchel proteste contre cette ordonnance après sept ans de silence. C'est s'y prendre un peu tard. De deux choses l'une : ou cette ordonnance est juste, et M. Duponchel a tort de protester aujourd'hui; ou elle est injuste, et il a tort de n'avoir pas protesté plus tôt.

Mais, ajoute M. Duponchel, «M. Pillet se plaint d'avoir pris l'O-
« péra dans un état *peu satisfaisant*. Pourquoi l'a-t-il demandé
« et pris ? »

M. Pillet peut répondre à M. Duponchel par la question même, et lui dire à son tour : « Vous prétendez que l'Opéra est dans un
« état peu satisfaisant. Pourquoi demandez-vous à le prendre ? »

M. Duponchel allègue ensuite, à l'appui de sa protestation, un bénéfice de 329,000 fr., somme exactement semblable à celle qu'aurait perdue M. Pillet. M. Duponchel regarde cette similitude comme *cabalistique*. Tant il est vrai que le doigt de la Providence se fait remarquer dans toute cette affaire de l'Opéra, et que ce doigt est du parti de M. Duponchel!

Mais, d'abord, il y a ici une confusion qu'il importe d'éclaircir. L'administration de M. Duponchel a duré plus de quatre années. Les deux premières ont été productives, grâce aux *Huguenots*, à Nourrit, à Levasseur, à Mme Dorus, à Mme Damoreau et à Taglioni, que lui avait laissés son prédécesseur. Les deux dernières ont été ruineuses, au contraire, car la plupart de ces éléments de succès avaient disparu, et M. Duponchel ne les avait qu'imparfaitement remplacés. Or, d'après M. Pillet, M. Duponchel aurait partagé avec M. Aguado, son associé, les bénéfices des deux premières années, et M. Aguado, devenu acquéreur de la totalité de l'exploitation, aurait supporté seul les pertes des deux dernières, M. Duponchel n'étant plus que directeur appointé, et continuant, au contraire, de recevoir son traitement, malgré le déficit de l'entreprise. Ce moyen d'enrichissement est très-heureux, très-légal, très-loyal sans contredit, mais il nous semble assez facile, et du moins ne pas exiger une suprême habileté.

Si nous vivions encore au temps des fables et des paraboles, nous dirions à M. Duponchel qu'il ressemble à un fermier qui, ayant loué un beau domaine en plein rapport, en tirerait une excellente récolte, puis le cèderait à un autre, en état d'épuisement, sans avoir rien fait pour en conserver la fécondité, et s'écrierait alors avec une juste satisfaction : « Je suis un habile « agronome ! » — Habile récolteur, soit ! mais habile agronome, non !

Nous profiterons de l'occasion qui nous est offerte ici, pour réfuter un préjugé beaucoup trop répandu en matière d'exploitation théâtrale. Les bénéfices d'une exploitation de ce genre ne sont pas, nécessairement, selon nous, des preuves d'habileté véritable.

Un directeur, par exemple, peut *faire beaucoup d'argent* (c'est l'expression consacrée) avec d'exécrables ouvrages et quelques acteurs exceptionnels. C'est même le système le plus productif, car le public va au théâtre bien plus pour les acteurs que pour les pièces. Nous connaissons des candidats à la direction de l'Opéra qui s'expriment ainsi : — « A moins d'avoir un nouveau Du-« prez, je ne donnerai jamais une pièce de Rossini. Rossini *n'a* « *jamais fait d'argent.* » Le mot *faire de l'argent* est le *nec plus ultra* du génie pour les *gens de goût* de cette espèce, lesquels se soucient infiniment peu de l'art, et ne seront jamais nos candidats, à nous.

Un directeur, en revanche, peut se ruiner avec de bonnes pièces et d'excellents acteurs, par cela même qu'il sera trop *magnifique* envers son théâtre, et ne saura pas régler ses dépenses sur ses recettes. Or, nous public, — qui nous inquiétons fort peu (toute question de charité chrétienne mise à part) qu'un directeur s'enrichisse ou se ruine ; qui voulons qu'un directeur serve les intérêts de l'art avant de servir les siens ; qui désirons de bons ouvrages et de bons chanteurs, mais qui préférerions *Guillaume Tell* ou *les Huguenots* exécutés médiocrement, à des médiocrités exécutées par des talents hors ligne; — dirons-nous que l'administration du premier est parfaite, et que celle du second est détestable? Assurément non, et Barème seul pourrait penser le contraire, si toutefois Barème a jamais pu penser quelque chose.

Quoi qu'il en soit, si M. Duponchel a gagné 329,000 fr., tandis que son successeur a perdu pareille somme, bien loin d'être un titre en faveur du gagnant, cette circonstance nous semble déterminante en faveur du perdant. Il est plus équitable, à coup sûr, de fournir à l'un les moyens de réparer ses pertes, que de fournir à l'autre les moyens de doubler ses gains. La France est heureuse sans doute de la prospérité de M. Duponchel, mais elle n'éprouve nullement le besoin de le voir réaliser un nouveau bénéfice *cabalistique* de 329,000 fr.

C'est à propos de cette fatale ordonnance de 1840 que M. Duponchel nous reproche d'avoir été, en la reproduisant, l'*écho* du mémorandum de M. Pillet. Sans cette expression de M. Duponchel, il est probable que nous aurions gardé le silence, laissant à la raison publique seule le soin de discerner le bon droit dans la polémique des deux adversaires. Mais cette expression malavisée a dû blesser notre impartialité. Nous ne sommes ni l'écho ni le champion de personne. Nous défendons ce qui nous semble un droit, et non pas ce qui est un individu. Qu'un *survivant* se présente, qui nous paraisse réunir des garanties que n'offrirait pas le titulaire actuel, et nous serons les premiers à soutenir sa candidature. Mais la question n'est pas posée entre le connu et l'inconnu, entre ce qui est et ce qui pourrait être; elle se trouve entre ce qui est et ce qui fut. Nous optons pour ce qui est. Lorsque nous avons commencé cette série d'articles sur l'Opéra, notre but unique était de venger Rossini des stupides attaques dont certaines gens le poursuivaient, à propos de *Robert Bruce*, non pas en haine de ce bel ouvrage, mais en haine de la direction de l'Opéra, dont on le croyait, pour ainsi dire, le va-tout. Cette circonstance nous a donné lieu d'examiner de près la question. Nous avons compris alors le but secret de beaucoup d'hostilités. Nos préventions se sont dissipées en grande partie, et nous avons voulu, dans l'intérêt de la justice et de la vérité, éclairer le public à son tour sur le véritable état des choses. Nous ne connaissions pas M. Pillet. Nous connaissions, au contraire, M. Duponchel, et nous n'avions eu avec lui que des rapports agréables. Si donc des considérations de ce genre pouvaient jamais nous influencer dans une question d'utilité publique, notre préférence eût incliné de son côté. Mais un de nos travers, c'est de ne point pactiser avec notre opinion. Nous aurions eu l'honneur d'être l'ami de M. Duponchel, que nous l'eussions exprimée tout aussi franchement, et dans des termes exactement semblables. Quant à l'ordonnance de 1840, nous avons dû naturellement la reproduire, de quelque part, soit du mémorandum de M. Pillet, soit du *Bulletin des lois*. Nous confessons humblement n'en avoir été, en effet, que le simple *écho*, car nous ne l'avons pas inventée, tant s'en faut! et, mieux que personne, M. Duponchel doit savoir qu'elle existe.

Mais laissons les splendeurs passées de sa direction, et voyons quel nouvel éclat ce *magnifique intermédiaire* promet de *prodiguer* à l'avenir de l'Opéra.

Sa première *magnificence*, sans doute, — (nous l'avons fait connaître aussi en notre qualité d'*écho*,) — est de fermer l'Opéra pendant deux mois d'été, à la condition expresse que le gouvernement lui *prodiguera* cent mille francs *de moins* de subvention. Nous avons dit tout ce que cette double *magnificence* aurait de désastreux, selon nous, pour le théâtre et pour le commerce de Paris. M. Duponchel ne nous a pas *prodigué* les renseignements à ce sujet. Il a gardé le silence.

Nous avons demandé ensuite à M. Duponchel quels chefs-d'œuvre inconnus son *portefeuille* avait à opposer aux rapsodies d'Adam, d'Auber, d'Halévy, de Verdi, de Meyerbeer, etc., que M. Pillet croit avoir en *perspective*. M. Duponchel nous a *prodigué* beaucoup de plaisanteries à ce sujet. Nous ne pensions pas avoir été aussi gai dans l'emploi de ces métaphores sans prétention, et que leur banalité même rendait fort peu joviales. Mais on est parfois très-cocasse sans s'en douter.

M. Duponchel commence par faire entendre que les promesses écrites des compositeurs ne signifient pas plus en faveur de M. Pillet, que les ordonnances de 1840 ne signifient contre lui-même;

et il ajoute que la *perspective* ne se met ni en musique, ni en ballet, ni en caisse. Comme ancien directeur et comme artiste, il aurait pu ajouter qu'on n'en met pas même toujours dans les décors de théâtre.

Quant au mot *portefeuille*, il ne peut pas en entendre parler. — « De mon temps, » dit-il, « il y avait un répertoire : il n'y avait pas de portefeuille. » — Nous avions cru jusqu'à présent que le *répertoire* s'entendait des ouvrages représentés, et que la *perspective* ou le *portefeuille*, ou telle autre expression analogue, pouvait s'entendre de l'avenir. M. Duponchel ne le veut pas ainsi. Soit ! mais comme il faut bien se servir d'un mot quelconque pour désigner simplement les ouvrages reçus ou promis, nous lui demanderons, sans aucune métaphore, et à son choix, quels sont ceux qu'il a en tiroir, en rayon, en valise, en porte-manteau, en caisse, en magasin, en placard, en commode?

M. Duponchel nous répond qu'il n'en a pas, mais qu'il en aura. Il se gardera surtout d'en demander à des compositeurs dont la réputation ne soit pas consacrée. — Un des travers les plus généralement reprochés à M. Pillet, c'est, en effet, d'avoir admis à se faire connaître une foule de compositeurs déjà connus de tout le monde, excepté de M. Duponchel, tels que Balfe, Flottow, Ambroise Thomas, Niedermeyer, Reber, Mermet, Félicien David, etc. M. Duponchel lui reproche notamment d'avoir « gratifié le public de « l'Opéra d'une scène musicale, composée par un lauréat (M. Ba- « zin), et qui avait été chantée à l'Institut. » Nous sommes d'un avis tout opposé, et le principal motif qui nous fait désirer le maintien de M. Pillet, c'est justement sa bienveillance constante pour les jeunes artistes.

Du reste, la recette de M. Duponchel pour *obtenir de bons ouvrages* est des plus ingénieuses : « Par une sorte de routine que « dédaigne M. Pillet, » dit-il, « j'aurais la simplicité d'en de- « mander à ceux qui font les meilleurs. C'est bien terre à terre, « bien bourgeois, bien spéculateur, mais je ne ferais pas autre- « ment que je n'ai fait. C'est tout uniment à Meyerbeer, à Auber, « à Halévy, à Adam, à Verdi, etc., que je m'adresserais. »

Notez que, pour avoir été très-bienveillant envers les nouveaux artistes, M. Pillet n'en a pas moins pratiqué ce même terre à terre vis-à-vis des autres compositeurs ; il n'a cessé de solliciter Meyerbeer, il s'est adressé à Verdi, il répète en ce moment un opéra d'Adam, il attend un opéra d'Auber, et il a joué deux opéras d'Halévy et deux de Donizetti. C'est qu'en vérité la routine de M. Duponchel est, sous ce rapport, la routine de tout le monde. Prenez l'un des quatre ou cinq cents candidats qui flânent journellement dans les environs de l'Opéra, et demandez-lui : « Monsieur le candidat, quel moyen emploierez-vous pour obtenir de bons ouvrages lorsque vous serez directeur de l'Opéra ? » — L'interpellé vous répondra certainement : « Je m'adresserai tout uniment à ceux qui passent pour faire les meilleurs, à Meyerbeer, à Halévy, etc. Ce n'est pas plus malin que ça ! »

Mais si la recette de M. Duponchel est routinière comme celle des civets de lièvre et de la gelée de groseille, est-elle du moins infaillible comme elles ? Hélas non ! les *bons ouvrages* qu'on obtient ainsi sont souvent fort mauvais. M. Duponchel lui-même doit s'en être convaincu plus d'une fois, tout aussi bien que M. Léon Pillet.

M. Duponchel ajoute enfin qu'il s'adresserait même « *à Rossini* TRÈS-VOLONTIERS, *pourvu qu'il consentît à lui envoyer une partition et non un sarcasme.* » M. Duponchel parle ici de *Robert Bruce*, de ce méphistophélique *pastiche*, de *cette cruelle raillerie*, dit-il, *du prince des mystificateurs*. Quand on se rappelle les causes de l'éloignement de Rossini, certes, on est fort tenté de penser que, s'il est prince de quelque chose, c'est des mystifiés, bien plutôt que des mystificateurs !

N'admirez-vous pas du reste ce TRÈS-VOLONTIERS ? M. Duponchel, dans sa recherche de bons ouvrages, s'adresserait *très-volontiers* à Rossini lui-même ! Quelle bonté de sa part ! et combien ce *très-volontiers* doit flatter l'auteur d'*Othello*, du *Barbier*, du *Comte Ory*, de *Moïse* et de *Guillaume Tell* ! Comme réhabilitation, le *très-volontiers* de M. Duponchel l'emporte même sur les sous-pieds de marbre dont l'a orné l'habile ciseau de M. Etex.

Vous le voyez, M. Duponchel fait ici à son tour le *pastiche* de ces esprits *sérieux* dont nous avons parlé dans notre première *Revue* sur l'Opéra, lesquels s'obstinent à regarder Rossini comme un farceur, et l'immense série de ses chefs-d'œuvre comme un diabolique tissu de *mystifications*. *La Donna del Lago*, revue, corrigée et considérablement augmentée par le loustig de Bologne, n'est pas un opéra : c'est un *sarcasme*, une *cruelle raillerie*, une *gaudriole*! A la bonne heure! Nous ferons seulement observer à M. Duponchel qu'en *prodiguant* ainsi l'ironie à la prétendue malice de Rossini, il se rend à son tour, sans y prendre garde, l'*écho* des Béotiens dont nous avons pris d'avance la liberté de *mystifier* les opinions passablement saugrenues.

En résumé, nous le disons avec regret, mais avec conviction, le candidat à la *survivance* de M. Pillet, qui blâme ce dernier d'avoir fait exécuter la cantate d'un jeune lauréat, couronnée par l'Institut, qui estime *trois mille francs* le talent de Mme Stoltz, et qui regarde *Robert Bruce* comme un *sarcasme*; ce candidat à la *survivance* ne nous paraît pas réunir les garanties de bienveillance, d'impartialité et de bon goût musical, exigées par la direction de l'Opéra, malgré toutes les *magnificences* qu'il nous promet d'ailleurs, dans sa *proclamation à ses concitoyens*. Il y a déjà gagné 329,000 fr., dit-il : nous l'en félicitons cordialement, et nous l'engageons *très-volontiers*, de notre côté, à ne pas les exposer dans une *survivance* qui pourrait être moins fructueuse. C'est le cas ou jamais d'avoir un *portefeuille* pour les y serrer soigneusement. Qu'il jouisse en paix des doux loisirs qu'il a dus à son bonheur; ou, s'il le préfère, à son habileté passée; qu'il les charme à faire de jolis dessins comme autrefois; qu'il y mette le plus de *perspective* possible, et qu'il borne désormais son ambition à rester un homme aimable pour ses amis, un artiste distingué pour les amateurs, et un homme justement estimé pour tout le monde et particulièrement pour nous. C'est *bien routinier*, *bien bourgeois* et *bien terre à terre*, mais c'est sage, et nous sommes bien sûr, en parlant ainsi, de nous rendre l'*écho* de tous ceux qui sont maintenant initiés à la véritable question.

Nous terminerons par un dernier mot sur M. Pillet. Il est des gens qui, tout en rendant justice à ses excellentes qualités, se retranchent dans cette incrimination banale, laquelle produit d'autant plus d'effet sur l'esprit des badauds, que, ne précisant rien, elle ne saurait être réfutée directement : — « Cela est vrai, disent-ils, mais il a commis des fautes! — Quelles fautes, s'il vous plaît? — Nous ne savons, mais n'importe! il a commis des fautes; c'est probable. — Dites mieux : dites que c'est incontestable. » — Hé! vraiment, *errare humanum est*, a dit le bon Dieu, qui connaît assez bien les hommes. Quel est celui qui ne commet pas quelques fautes dans sa vie, à l'exception toutefois de M. Duponchel, qui est l'idéal des directeurs? Nous ne connaissons pas plus que vous les fautes de M. Pillet, à supposer qu'il y ait eu fautes. Or, nous le supposons, nous le voulons même; mais, en revanche, nous connaissons du moins ses efforts constants pour améliorer le personnel; son zèle pour enrichir le répertoire; les excellentes acquisitions qu'il vient de faire ou qu'il projette; son activité, sa persévérance, ses sacrifices, ses droits incontestables par conséquent, et cependant si contestés; sa bienveillance pour les artistes; ses honorables antécédents dans la presse; les attaques passionnées dont il a été l'objet; les nombreuses ambitions qui se sont ruées autour de sa place; et enfin le service important qu'il vient de rendre à l'art, selon nous, en obtenant *Robert Bruce*, comme premier gage peut-être de la réconciliation de Rossini avec l'Opéra. Tels sont les divers motifs qui nous ont engagé à prêter un loyal appui à sa candidature. C'était une besogne assez rude peut-être, comme toute œuvre d'impartialité et de réhabilitation, en présence des préventions hostiles que depuis long-temps l'erreur et la malveillance avaient répandues dans le public. Il en est des opinions comme des arbres : rien de plus facile que d'en planter de droites, là où il n'en existe pas encore; rien de plus difficile que de les redresser, là où elles ont poussé de travers. Nous n'osons donc pas nous flatter d'avoir complètement réussi dans ce redressement. Mais enfin, il s'agissait, à notre sens, d'une tâche de justice et de vérité, et nous pourrons du moins nous féliciter de l'avoir entreprise.

Louis DESNOYERS.

FIN.

TABLE DES MATIÈRES.

	Pages.
AVANT-PROPOS. — L'Auteur à M. Léon Pillet.	5

PREMIÈRE REVUE MUSICALE. — Première représentation de *Robert Bruce*; — Où il est parlé, entre autres choses merveilleuses, des défauts, des ennemis, des pastiches et des vices de Rossini. 7

DEUXIÈME REVUE MUSICALE. — Citations justificatives à l'égard de Rossini; — Mésaventure assez curieuse d'un des membres les plus distingués de l'Institut, racontée par lui-même; — Opinions contradictoires de divers *gens de goût*, y compris l'auteur de *l'hymne à la Puce*, ainsi que l'auteur du caprice sur *la Truite* et autres compositions *sérieuses*, relativement à l'auteur de *Robert Bruce* et autres *facéties* 21

TROISIÈME REVUE MUSICALE. — De l'apothéose littéraire et du feu de Bengale, vulgairement appelés *Réclames*; — De la haute critique, selon la société Duveyrier et compagnie; — Du *pastiche* en général; — De *Robert Bruce* en particulier; — Et des opinions, à ce relatives, de MM. Berlioz et autres *gens de goût, aussi grands que le monde*, au dire de leurs admirateurs. 33

QUATRIÈME REVUE MUSICALE. — Du dénigrement en matière d'art et de littérature, vulgairement appelé *éreintement*; — De diverses accusations adressées au directeur actuel de l'Opéra par les hommes impartiaux qui veulent sa place; — Du coup de chapeau et de la risette dans leurs rapports avec le bonheur et la fixité des ténors légers; — De la question de savoir si Mme Stoltz a réellement étranglé Mlle Nau, à la première représentation de *Robert Bruce*; — Et enfin d'une nouvelle profession peu louable, mais peu lucrative, à l'usage des fainéants. . 49

CINQUIÈME REVUE MUSICALE. — Considérations sur le but de l'Académie royale de musique; — Résumé de son histoire administrative depuis 1825 jusqu'en 1847; — M. Lubert, M. Véron, M. Duponchel et M. Pillet; — De la haute capacité de l'un, de l'habile prospérité de l'autre, de l'insuffisance heureuse de celui-ci, et du goût vraiment artistique de celui-là; — Cause secrète du silence de Rossini; — Examen du plan conçu par M. Duponchel pour la splendeur de l'Opéra, et notamment de son projet de le fermer une partie de l'année; — Un mot aussi sur M. Crosnier, postulant n° 494, et sur quelques-uns des autres candidats à la direction, y compris le directeur actuel. 64

PREMIÈRE PROCLAMATION DE M. DUPONCHEL A SES CONCITOYENS, relativement aux affaires passées, présentes et futures de l'Opéra, en réponse aux allégations contenues et non contenues dans les *Revues musicales* qui précèdent. 78

— TABLE DES MATIÈRES. —

Pages.

RÉPLIQUE DE M. LÉON PILLET à la première *Proclamation* de M. Duponchel *à ses concitoyens*. 87

Deuxième PROCLAMATION de M. Duponchel A SES CONCITOYENS. 97

RÉPLIQUE DE M. LÉON PILLET à la deuxième *Proclamation* de M. Duponchel *à ses concitoyens*. 102

SIXIÈME REVUE MUSICALE. — Réponse de la *Revue musicale* du *Siècle* aux deux *Proclamations* adressées par M. Duponchel *à ses concitoyens*, nous compris; — De diverses questions soulevées par M. Duponchel, et notamment : — De l'invincible horreur que la publicité inspire à l'auteur des deux *Proclamations* publiées ci-dessus; — Des droits de la critique à l'égard des administrations de théâtre; — Une nouvelle méthode arithmétique pour mesurer la confiance des capitalistes; — Rappel à la véritable question, savoir : Les antécédents administratifs de M. Duponchel offrent-ils les garanties de capacité exigées de la part d'un candidat à la direction? — État du répertoire et du personnel laissés par M. Duponchel à M. Pillet; — État du personnel et du répertoire que M. Pillet ne laissera probablement pas à M. Duponchel; — Le ministère de 1840 était-il un affreux menteur à l'égard de M. Duponchel? — De la *Revue musicale du Siècle*, considérée comme *écho* du *Bulletin des lois*; — Des causes de notre préférence pour M. Pillet; — *Prodigalités* passées et *magnificences* futures de M. Duponchel; — A combien de francs M. Duponchel estime *magnifiquement* le talent de Mme Stoltz; — Complainte sur les lamentables infortunes de Duprez; — De l'étrange aversion de M. Duponchel, dessinateur, pour la *perspective*; — Nouvelle recette de M. Duponchel pour se procurer de bons ouvrages, avec la manière de ne pas s'en servir; — Conclusion. 108

FIN DE LA TABLE DES MATIÈRES.

www.ingramcontent.com/pod-product-compliance
Lightning Source LLC
Chambersburg PA
CBHW060202100426
42744CB00007B/1134